上海明珠：王詳明口述歷史

The Pearl of Shanghai: Gloria Wang Oral History

Oral History of Chinese American Women Series

By Chang C. Chen, PhD, JD 邱彭

Oral History of Chinese American Women Series

By Chang C. Chen, PhD, JD 邱靛

print ISBN: 978-1-949736-30-4

eBook ISBN: 978-1-949736-31-1

LCCN : 125855585

Includes bibliographical references

目錄 CONTENTS

Preface 5

Herstory- 7

    美國華人女性口述歷史系列 7

推薦文　吳秉真 9

民國知識女性的另一種樣本　劉雁 11

我的嚴父 13

    當日軍到金壇市 13

    爸爸在金壇市辦學校、開醫院 17

    爸爸四十歲過生日 18

    爸爸要全家人都住在一起 18

我是爸爸的掌上明珠 19

難忘慈母 20

    母親作為傳統女性，吃盡苦頭 23

學習之路 26

鋼琴之憶 28

初識夏道泰 30

與夏道泰約會 32

遠渡重洋到美國 34

在美國唸書 38

結婚之後 38

在耶魯大學歷史系做秘書 42

| 作為美國華人 | 46 |

活到九十九 -- 夏道泰夫婦的養生之道 51

回憶知交 53

幾張舊照片 56

憶胡適 63

直視我的婚姻 63

    1. 夏道泰和我父母有緣 63

    2. 結婚 68 年 65

美國的種族歧視 68

第一份工作來之不易 69

夏道泰（1921年生）自述平生 70

    開始轉運 74

    夏道泰介紹王家的背景 75

    夏道泰回憶美國國會圖書館的生涯 ... 77

    夏道泰回憶父親夏勤 78

    夏道泰看自己的婚姻 87

    夏道泰回憶中國之旅 88

    夏道泰愛京劇 89

    憶盧燕 92

    退休之後玩股票 93

後記 夫妻關係其實是一種權力鬥爭 94

Preface

Since 1960, many of Taiwan's elite college women graduates began a movement to study at leading American graduate schools. They are called the Overachiever Generation. The situation changed drastically in 2000 when China emerged as a world economic power. American schools were no longer the only option, and most of Taiwan's youth choose to further their studies and work in China where language and culture are not barriers.

In 2014, I met Dr. Chang Yu-Tung, Director of the National History Museum of Taiwan. Dr. Chang convinced me to curate an exhibition, "Herstory—the Legal History of Chinese American Women." It suddenly dawned on me that I should record the oral history of those groundbreaking Chinese American women whenever I had a chance to meet them for the exhibition.

When I was growing up in Taiwan, I did not see any woman leaders in any profession. But the women I met through the Herstory exhibition were different. They endured the most difficult challenges and they faced hostility and criticism. Eventually, they found creative ways to overcome barriers and made it to the top.

Now, facing the sunset of their lives, how do they help their American born children understand their extraordinary achievements? How do they pass on their experiences and wisdom? Being a member of the Overachiever Generation myself, I passionately want to preserve their legacy and glorious history.

Today, the ninth printed book in the series of Chinese American Women is published. It is entitled, "The Pearl of Shanghai: Gloria Wang's Oral History". I hope you will share our joy and help us introduce our series to your younger friends, hopefully to assist them in achieving their goals, to remember the past, and to encourage other Chinese American women to be proud of what we have accomplished.

作者序

Herstory-
美國華人女性口述歷史系列

從 1960 年開始，一批批台灣最優秀的女性學子至美國求學，沒拿到博士學位的幾乎無顏回家見江東父老。這些留學生世代被稱為「高成就世代」(Overachiever Generation)。

情況到 2000 年起了變化，中國崛起，製造了可觀的經濟機會。到美國留學的中國年輕人愈來愈多，也排擠了台灣年輕人到美國求學的機會，而當年決定留在美國高就的留學生，除了國籍變更之外，也面臨了文化斷層，沒有台灣年輕人接班了，他們的風光即將埋入歷史。

我也是這群高成就世代的人，我常苦思如何在我們因年齡而隨風飄逝之前，保留住這段輝煌。2014 年，我因緣際會認識了台灣國立歷史博物館館長張譽騰 博士，受邀策展 HERSTORY- 美國華人女性法律史，也因之認識許多傑出的美國華人女性，我忽然想到，何不為這些創造歷史的女性錄製口述歷史？

看著她們已經灰白的頭和智慧的眼睛，這群不凡的女性是我在長大時沒在職場看到的。她們當年面對了最艱困的環境以及周遭不懷好意的眼神，卻依舊披荊斬棘、開天闢地，成為各行各業的第一。

她們已經逐漸老去，她們生在美國只會講英文的子女，如何了解母親之不凡？而她們的經驗及智慧又如何承傳？今天年輕的華人女性要在職場出頭天依舊困難重重，這種困難從她們選擇志業的第一天就開始了，誰來指路？我以為這群曾經打破職場玻璃屋頂的女性，正可做為年輕一代的典範 (role model) 及指路明燈，她們經

驗豐富的歷史可以透過口述及多媒體呈現，傳承下去。

今天，華人女性口述歷史叢書的第九本「上海明洙：王詳明口述 The Pearl of Shanghai: Gloria Wang's Oral History」出版了，希望大家分享我們的喜悅，把此系列叢書介紹給年輕的朋友，協助她們立志，介紹給同輩的朋友，讓她們緬懷，介紹給其他華人女性，讓大家同感驕傲。謝謝！

邱龍

2021 年於舊金山

推薦文　　　吳秉真

　　大時代的故事，總是能讓人細細品嚐，回味再三。我向來特別鍾情在歷史變動下，各樣家族和情感的悲歡離合，而王詳明女士的一生，就是這樣，訴說著中國女性的無奈與堅韌。

　　相較許多人而言，王詳明女士出身優渥，受過良好的教育，父母疼愛，也有能力獨自到了美國。在那個到處都是歧視的年代，她也靠著自己的才能，有了相當好的工作。但講到婚姻，她終究還是因為家裡的擔心與喜好，選擇了一個父母幫她選擇的伴侶。並不是夏道泰不夠優秀，而是在民國初年的戰亂背景中，家對於中國女性仍然有著相當大的掌控力，女性想要自由，渴望平等，獨立自我，實在是件困難的事。

　　經過了幾百年的女權運動，在亞洲，女性的生存仍舊不易。但藉由這一系列的口述傳記，讓我看到更多優秀的女性是如何打拼，開創先鋒。就像從不鬆懈的邱姐，縱使經歷了Covid19的疫情，她絲毫沒浪費時間，仍舊突破困難，抓緊時間，把一個個精彩的人物故事，一一帶到我們面前。

　　或許，疫情拉遠了人與人之間的距離，但是這樣動人的書籍，卻可以再把人心拉近，讓文字陪著我們一起度過黑暗的時刻，迎向光明。

本文作者 吳秉真

民國知識女性的另一種樣本

劉雁

　　提起民國知識女性，我們腦海中會湧現出一長串令我們欽佩的名字：林徽因，張愛玲，趙蘿蕤，陳衡哲，丁玲，冰心……她們不僅才華出眾，在各自的領域成就傲人，個人生活方面，她們也大多拋開傳統，而選擇聽從自己的內心，成爲中華數千年歷史中追求個性解放與婚姻解放的第一、二代女性。

　　邱彰筆下的王詳明和她的母親，則爲我們提供了民國知識女性的另一種樣本。

　　王詳明出生于上海富裕的企業家家庭，從小就是父親的掌上明珠，受盡嬌寵。從聞名遐邇的教會學校中西女校畢業后，她進入美國哥倫比亞大學，拿到圖書館學碩士學位，在國會圖書館做到管理三百余人的處長，也是一位學識、能力不輸他人的女子。

　　然而，她的個人生活卻令人氣結：她的婚姻是"父母之命"。接受邱彰采訪時，她直言不諱地說，她從來沒愛過她的丈夫，只是因爲不願讓父母不快，她接受了這門親事。不僅如此，婚姻中的她，對丈夫以"老爺"相稱，以"照顧老爺"為己任，"老爺"的話就是聖旨，心中再不樂意也要立即執行。她不僅承擔一般家務，甚至還要做修剪草坪、鏟雪這些按當時的理念應該是男人的工作，乃至引起鄰居抗議。而她家"老爺"的回應，則更令人瞠目：下次你做這些事情的時候，我先提前出去，免得讓他們說閑話……

　　不得不承認，讀到這些令我心中非常難過。王詳明對婚姻的不滿毫不隱瞞，但她從來沒有嘗試過改變——至少她沒有說出來。我們也沒法用"怒其不爭"來評

論她，因爲她所作的更像是自覺自願的選擇。儘管她接受過完整的西式現代教育，長期生活在美國，她的底色還是傳統中國陳腐的"三從四德"，而且她已然將其內化為行爲準則，似乎她的世界裏，這是唯一的婚姻生活方式。

能找到的唯一理由，就是她母親的影響。她母親的經歷更令人扼腕：知書識禮、當過小學教員的她，嫁到夫家后，被婆婆將筆墨紙硯燒掉，每日被迫充當僕佣照顧家人起居，吃飯不能上桌，甚至生下的第一個孩子因爲是女孩，被婆婆活活打死。這一切她都逆來順受，沒有半點反抗。王詳明很愛她的母親，為母親鳴不平，但母親的逆來順受，給她的影響應該是巨大的。

王詳明的一生，爲我們提供了民國知識女性的另一種樣板。不知道這樣的女性有多少，或許更多有相同經歷的人選擇了沉默。要感謝王詳明的直言不諱，和邱彰搶救性的記錄，才讓我們看到這樣的人生。或許中國與西方、傳統與現代的夾擊，令她在個人生活上選擇了更爲熟悉也更爲安全的傳統中國，儘管職場上的她與所在環境已完美融合。她的一生，能給今天的華裔美國女性帶來什么樣的啓示呢？

2021 年 5 月 28 日 草於硅谷

我的嚴父

當日軍到金壇市

1937年抗戰開始之後，我爸爸王均權是金壇市一家電力公司的老闆，金壇市的電都由他供應，開電廠要執照，爸爸那時也是江蘇省參議員，所以拿到執照很容易。

爸爸做參議員時住在上海，我及媽媽則是住在金壇九年，後來爸爸終於把媽媽及一家子都接到上海了，住在貝當路、愛棠路一帶的法租界裡，路旁都是很大的梧桐樹。當時日本還沒有跟美國宣戰，所以日本人不能隨便進入法租界，我們那時感覺比較安全，唸書便利，但我們的家裡也住了四十多個難民，有辦法的人都逃到租界來了。

後來日本宣戰，關東軍就長驅直入租界，第一件事就是要解決電力供應問題，日本人知道金壇電廠是我爸爸開的，就到上海找他，爸爸非常討厭日本的侵略，當然不願意為他們提供電力。有一天日本軍人到我家來找爸爸，一位韓裔的日文翻譯陪同，翻譯跟我說日本鬼子都壞得要命，要我當心，那是我第一次近距離見到日本人，我還記得他的金牙，還有那張說話的臉，口沫橫飛，吐得我一臉口水，我恨不得上去打他一拳，可是翻譯說絕對不可以，叫我不要冒犯他。

他一進來就先問我爸爸的行蹤，我說我不知道，他就發火了，我們家裡有一個很漂亮的桌子，配絲絨高背椅，可以坐十個人，那個日本兵用他的刀砍了一下，把那個桌子一劈為二。他又要上樓去找我的爸媽，我就把手撐開，不許他上樓，他叫我讓開我也不讓，僵持不下，他乾脆把刀架在我頭頂上。人一生氣膽子就大了，我心想大不了一條命，我就把眼睛閉起來，想不要看到自己的頭掉在地上，後來好像聽見他在笑，我把眼睛睜開來，他已經把我的辮子割掉抓在手上，他說這是他的戰利品，他走時放下一句：「我明天再來，今天我不跟你搞。」

父親 王均權

　　我上樓告訴媽媽：「鬼子已經走了。」媽媽說：「我覺得你在這太危險了，還有你爸爸在這兒是待不久了，就算躲到朋友家裡，他們也會一家一家去搜，總會搜到他的，你趕快陪他到重慶去。」她接著說：「你們坐火車，叫他打扮起來，不要讓人家看出來他是誰。」我爸爸就戴個帽子，一副黑眼鏡，我們到了火車站，發現大家都在排隊買票，一個日本憲兵站在桌子上面，手上拿一條藤鞭，一下子就跳下來把大家衝散，還把一個老先生頭髮一抓，讓他跪在那兒，我爸爸馬上想衝上去跟日本兵拚命：「這簡直是汙辱我們中國人，老先生年紀這麼大了，十二點鐘還在大太陽底下跪著！」我就求他：「你不要拚命，你拚命我怎麼辦？我怎麼跟媽媽交代？我是女的。你曉得他會把我拉出去幹嘛，你願意我做這種事情嗎？」我求他不要開口，假裝沒看見就算了，還好他聽我的話。

　　我們上了火車一看，到處都坐滿了人，父親就跑過去坐在憲兵位子旁的扶手上，人家要把他推出去，父親又說：「為什麼扶手不能坐？你有一個扶手還不夠啊？」又鬧起來了，我就跟他說：「你不要鬧了，我把這個箱子收好，你就坐在這個箱子

上頭,我求求你,我們安安靜靜的,到了安徽,安徽有跑單幫的,直接帶你到重慶去。」

我們到了安徽,住進一個認得的人家裡。後來我們又跑到重慶,住在一家布店的老闆家裡,我跟老闆的兒媳婦睡一個床上,還睡在一個被窩裡,我在家裡一向都有自己的被子蓋的,結果她跟我說:「也是你的運氣喔,你早來幾天的話,我兒子還睡在這裡,後來他死掉了。」嚇得我把被蓋住一頭,另一頭就露在外頭,冷得要死,我爸爸他們男生在另一間打麻將,還有小籠包吃。

這家只有木頭馬桶,用一條簾子遮起來,一早來了兩個小老闆,往馬桶一坐,我就沒法子爬起來了,我只好熬著不起來,是人家的房子嘛,到後來我才知道當時有多危險,那個跑單幫的被殺了,我們找不到別的跑單幫我們,我就說:「我們還是回去吧,我再也撐不下去了。」還好爸爸很聽我的話:「好好好,我們就回去。但日本鬼子要一家一家搜查的話,你怎麼辦?」我說:「我們再想別的辦法,我實在不行了。」後來我們就回到上海,幸虧不久之後這個仗就打完了,應該是 1943 - 45 年左右。

July 3rd, 1937

我們住在上海徐家匯貝當路、愛棠路這一帶，貝當路很寬，旁邊都是大公寓，是當時洋人住的地方。我們在租界裡的日子不好過，美國飛機來轟炸租界，我們得用溼棉花條把所有的門窗都封起來，讓飛機從外頭不能看到一點燈光。那時還有學生跑到陽台上去歡迎美軍，結果美國轟炸上海虹口區日租界那一塊時，本來想把日本人炸死，沒想到把中國人也炸死了。

我爸爸那時把錢從銀行領出來都換成金條，因為通貨膨脹，你的錢一、兩天後就只剩一半價值，然後他把金條埋在地下，但後來當局說查出來要殺頭，他只好再挖出來，拿到銀行去換成金圓券。

我爸爸怕日本人把我逮走，因為我是女孩子，所以他在房裡做一個過道，弄出一個小房間，只要一聽見有人敲門，就立刻把我送進去，把門關起來。我小學三年就被關在家裡三年，沒去上學。唸初中的時候，我去唸了一個野雞學校，那時我的英文連 ABCD 都不認得。

當我們跟爸爸住在法租界的時候，金壇電力公司由他一個弟弟在管，他很相信這個弟弟，讓他做經理。中國人很奇怪，就是相信親戚，虧了錢也不要親戚賠，他那個電力公司從來沒有賺過一個銅板，他就是在養這個弟弟吧。

我的姑父是位老人家，我不曉得他為什麼要偷電，他把路燈上的電線拉條線接到他自己家裡。我大哥因為一直上海唸書，唸成死腦筋，他看到有人偷電，就把他的電線給剪了，我姑父氣得後來一直到死都不肯點電燈，我爸爸再怎麼道歉都沒用，我哥哥還被爸爸罵了一頓，他說：「你什麼人的電線都可以剪，怎麼去剪姑父的？」哥哥說：「我又不曉得那是姑父家啊。我看到一條線從街燈上牽過去，啪嗒就剪掉了嘛。」經過這件事，我發現中國人的問題就是：如果你是親戚，什麼都能做，別人還不能抱怨。

爸爸在金壇市辦學校、開醫院

爸爸開了一家醫院，為了這家醫院的未來，他在馬路邊看到一個眉清目秀的小叫化子在討飯，就收容他，把小叫化子交給傭人帶大，供他上學，小學、中學、大學，我爸爸讓他受到良好的教育。可是爸爸不讓他跟我們住在一起，所以我們看

見他也都躲得遠遠的。我爸爸當初跟小叫化子說了條件：「現在我供你上學，給你舒服的日子過，可是我不要你到屋子裡來，也不要跟我女兒或兒子有任何關係。我以後會在金壇開醫院，你長大以後替我管醫院，鄉下人來看病時不收一分錢，城裡人一次一塊錢。」

我爸爸還在金壇辦了一間學校，因為金壇是他的老家，他一心一意要把金壇建成模範城市，無論是賺錢還是賠本，他就是一心一意要幫助金壇。

後來共產黨來了，爸爸那時已經到香港了，共產黨派個代表去香港跟他說：「在共產黨的管理下，土地是公有的，可是你的土地還是你的，我們軍隊不拿你的，一旦你回來，我們就把它還你。」爸爸說：「不要啦，不要啦，這些東西我根本就不想要回來，就送給你們。」

爸爸四十歲過生日

記得我爸爸過四十歲生日那一次，我們全家都到金壇去給他做壽。那時全城的燈還暗了一下，就是因為我們家的燈開太多了，電壓不夠。爸爸的壽宴做了一個多月，我們金壇家裡有大廳、二廳、三廳，大廳唱京劇、二廳播放摩登的音樂，年輕人能夠跟著跳舞的、三廳表演魔術，奶媽們可以帶著孩子去看。壽宴結束後，很多客人都不肯走，我們已經回到上海好幾個禮拜了，他們還住在那兒，據說我媽媽先把京劇廳拆掉，跳舞的那廳也隨即拆了，魔術師也走了，過了好一陣子，大家才走。

爸爸要全家人都住在一起

我爸爸有個合情但不太合理的想法，他覺得大家應當住在一起，所以他買了一個大得不得了的房子，把我的四舅、五舅都接來住。這些親戚住在同一間房子裡，卻老死不相往來，每房都有自己的奶媽、傭人，還互相鬥爭，我爸爸雖然很生氣，可是他還是覺得大家庭比較好。

我的五叔抽大煙，我爸爸一聽人家報告，馬上帶著我回家，一進門就衝到他那間去，果然看到他在抽大煙，爸爸拿起來就往茅坑裡一扔，同時跟他說：「你再抽大煙，你就搬出去了。」五叔怎麼會聽呢？

我是爸爸的掌上明珠

爸爸非常寵我，我如果不同意爸爸的意見，就會跟他辯論，只要我覺得他有些事做得莫名其妙，就會講他。我們家裡很民主，我也有一票，通常是反對票。我投反對票時，會把理由講出來，我爸爸都會聽，從來不會說女孩子不要瞎說。我跟哥哥打架、吵架，一向都是我對。

我爸爸從來不罵我，只有一次在我四、五歲時，我回到家裡聞到客廳有種味道，看見有個鄉下人，翹著腿坐在沙發上，所以當我走過時，我就把鼻子捏著，一面說好臭、好臭，我就這樣子走過去了，爸爸當時沒說話，等他們一走就把我叫出來，「坐下！」我嚇一跳，爸爸從來沒有惡聲惡氣對我，怎麼現在這麼兇？

他厲聲說：「你有什資格這樣子？我怎麼會把你養成這種人了？」他把我罵得一塌糊塗。「你注意，以後妳看見鄉下人時要特別尊敬。」爸爸兇起來很可怕，後來我看見任何客人都會客客氣氣，他教訓我：「到我們家來的人，都是最要緊的客人，你要尊敬他們，不能做這種鬼樣子。」所以一直到現在，我還是不敢得罪工人，有好吃的也會留一點給工人吃。

我們家裡有三個哥哥跟我，爸爸媽媽每個禮拜都會帶全家去上海大光明看電影，然後再去福祿壽吃飯。每次在大光明看電影，我爸媽就會買美麗牌巧克力冰淇淋給我吃，大光明電影院是上海、南京最高級的電影院，冰淇淋的價錢跟入場券一樣，所以我跟爸爸說：「我情願不要吃這個，多看一場電影行不行？」我爸說：「唉呀，你真傻，你要吃就跟我講，我多買一個給你吃，你要多看一場電影，我就帶你去多看一場。」

小哥比我大三歲，小時候我們會躲在屋裡抽菸，結果煙從鑰匙洞裡冒出來，被我爸爸看見，他打開門以後大罵我們：「小孩子抽什麼菸！你們躲在裡頭燒死了我們都不知道。」

我父親在香港過世之前，他一直在病床上等到我從美國回去才肯走，我回去一個禮拜之後他就過世了，那時他也已經不認得我了，具體哪一年過世我記不得了。

難忘慈母

我媽媽的名字是應蘭谷，爸爸訓話時，媽媽從來不開口，她也絕不跟他唱反調；有時她覺得爸爸罵的太兇了，就會把臉拉下來，事後她會請我坐下來討論。

我媽媽言必講耶穌，她會不厭其煩的一直講到我不開口，眼觀鼻、鼻觀心，才停止。她很有耐心，聲音也不大，就是慢慢的講道理。一聽她要請我談一談，我的心就揪起來了，我知道她又要講耶穌了。她講道理時，一遍一遍的講來講去幾十遍，我聽了幾十遍了就進了腦海，永誌難忘。

我在金壇住到三、四歲，我很討厭我的祖母，因為她打死我姊姊，我是姊姊死了之後才出生的。傭人告訴我，我祖母虐待我姊姊，一天到晚打她耳光，說她是賠錢貨，傭人只能抱她到花園裡，不許進屋，她哭祖母就打她，我媽媽一句話不敢說，讓女兒被婆婆打死了，後來我媽媽一頭撞在牆上要自殺，她覺得自己沒能保護女兒，也沒有這個膽量去保護她。在這種情形之下，我媽媽一輩子從來不笑，都是苦兮兮的樣子，所以我也變得像她一樣，很少笑。

我小時受教育的過程很特別，小學一年級時我考第一名，媽媽說我太瘦了，就我把留一級，我又重唸小學一年級，結果我就考第二名，因為課程內容我全知道，我坐在那兒就想別的事情，結果考了第二名，後來我媽媽說：「不行了，她頭腦壞掉了。」就叫我待在家裡三年，不唸書、不上學，一天到晚跟在她後頭，為她捶腿

倒茶，就這樣子混了三年。

我媽媽是她省裡的七個半美人之一，她算是半個美人，因為她沒裹小腳，別人都裹了，所以她的天足讓她成了半個美人。我的祖母對她很嫉妒，因為媽媽太有學問了，我的外祖父是很有學問的人，懂中醫，他把他一生的學問都傳授給我媽媽，為什麼呢？因為他的三個兒子都是笨的，所以他先教我媽媽，媽媽學會了，再去教她幾個哥哥。後來我舅公在省裡設了第一個女子師範中學，找不到教員，就請媽媽去教，學校還抬了轎子去接她，她在那兒教了一年。

我祖母說：「女子無才便是德。」我媽媽嫁過去了還是會看書不怠，祖母就很不開心，她說我們家裡不要女狀元，她把媽媽的紙、墨、筆、硯都扔到糞坑裡頭，命令她燒飯給家裡的工人吃。她站在一個板凳上，前頭一個芭蕉扇，後頭一個芭蕉扇，插在腰上，鍋頭比她的人都大，家裡的佃戶都可以坐下來吃飯，媽媽站在旁邊，揀一點菜吃，不能坐下來吃。那種日子很難熬，媽媽居然捱了過來。

三代的婆婆壓在她頭上，grandmother、great-grandmother，還有一個惡婆娘，是我爸爸哥哥的寡婦，她十六歲嫁過來，後來生小孩的時候，還沒生下來，丈夫就去世了，去世以後她哭啊鬧的，所以我爸爸就答應：「我會把你當媽媽一樣的奉養。」她就很神氣的加入了祖母那邊，虐待我的媽媽。媽媽在金壇的九年中，做這個大家庭的奴隸，那個惡婆娘的遺腹子，神氣得不得了。

我媽媽每天晚上剝蓮子，曾祖父、曾祖母各一碗，祖母一碗，還有這個惡婆娘一碗，我爸爸一碗，共五碗，每天煨出來之後，一家一家去送，就這樣子。

我媽媽生了一個女兒，被祖母打死以後，接下來生的全是男孩。九年以後，爸爸決定把媽媽及我們小孩都接到上海，我媽媽才逃出地獄。我們在上海有個小房子及花園，我爸爸那時候官做得很大，是省參議員，家裡有包車，還有馬車。有天他忽然收到一封信，是我曾祖母寫來的，她說現在日子不好過了，她的兩個兒子娶了兩個太太，太太們都是唸了書的，很跋扈，虐待她，我媽媽就說：「這怎麼可以啊。」立刻跳上火車，把她接到上海。

我說：「她從前虐待你，你還要把她接過來自己受罪。」我當時應該有五歲了，我媽媽就說：「你不可以喔，你要孝順她，要沒有她，哪有你爸爸。」

我母親會買一箱一箱的牛奶給傭人吃，她自己不喝，瘦到七十磅，我問：「為什麼你自己不喝呢？」她說：「他們要做重事，你想他們多累啊，我呢，就是揀揀豆子、剝剝蓮子，都是輕巧的事情，所以我用不著吃。」

她一天到晚叫我做好人，不要做壞人，怎麼樣才是好人呢？她解釋給我聽，講了幾十遍，後來我也養成習慣，把所有好的東西都給別人吃，現在所有好東西都給我老爺吃，習慣成自然了。

媽媽跟我先生的媽媽也變成朋友，我先生的媽媽教育程度比較低，人是好人，但很容易被別人欺負，我媽媽同情她，就跟她做好朋友。她每次到我們家來吃飯，會咬一咬再吐出來，媽媽不許我笑她。她對我特別有興趣，常跟我說：「我有六個兒子，隨便你撿一個。」我說：「我一個都不要。」我被媽媽批評說我的嘴只要一張，就可以看到肚臍眼，是直的，一直通下去。

母親管我很嚴、規矩很多，譬如說：飯粒不能掉到地下，若掉到地下一定要把它撿起來；不能多留一粒米在碗裡，少盛一點，吃不夠再去添。我母親一輩子也沒有大聲說過話，像我這樣哇啦哇啦的說話，她會覺得我好像在跟人吵架似的。

母親作為傳統女性，吃盡苦頭

我爸爸在做省參議員時，難得回家一次，他回家一走進房間，我媽媽立刻就會走出房間，兩個人不能同時待在房間裡頭，不然我那個祖母就要說：「她又來告枕頭狀了。」

我四歲以後到了上海，在家裡待了三年沒上學，也就是從小學三年級上學期開始一直到初中，都沒上過學，也沒請家庭教師，我自己在家看書。媽媽教我識字，她以前當過老師，她讓我把家裡所有的書都看遍了，但外文書我不懂，就看翻譯的書。

我媽媽有很多原則，像是每個孩子要吃得一樣多、一樣好、或一樣壞，不能只給我一個人穿大衣。當時她買不起四件大衣，（我們一個小孩一件），所以她說我們穿毛衣就可以了，她就一天到晚織毛衣。那時我腿上生凍瘡，她叫我去問爸爸

要大衣，她說：「你爸爸偷也會偷一件給你、搶也會搶一件給你，可是你要考慮一下，這是你要爸爸做的事嗎？」我想來想去，最後說我不要。

在學校裡，別的小孩都穿很漂亮的毛衣，媽媽給我做出來的是老太婆毛衣，一直拖到地，要拉起來，然後帶子一紮，這樣子我就可以穿很久，小孩長得快嘛。當大家笑我毛衣難看時，我就說：「你沒有資格說話，我的毛衣是我媽媽親手一針一線做出來的，你們那個是外頭買的，不值錢，媽媽做出來的才值錢。」

我媽媽一輩子都在犧牲，那個時代中國傳統文化對女性的剝削，讓她把唯一的希望寄託在信仰，她信仰基督教，她的日子過得很讓人心疼，但這個時代已經過去了，未來也不可能再出現像我媽媽這樣的人了。

那時中國的婦女都抽菸，我母親也吃土煙，是自製的菸草，會致癌的。我媽媽十三歲時得了肺氣病，因為我的外祖父是中醫，就讓她抽菸，抽了之後她的肺就好了。但她嫁到我們家以後，我曾祖母不許她抽菸，她本來躲在房間坐在馬桶上抽菸，後來被他們發現了。

我的姪子王嘉廉（著名的生意人 Computer Associates International CEO）死於肺癌，他年輕的時候就抽菸，後來雖然戒掉了，可是他已經抽了好幾年了。

我媽媽先我爸爸去世，媽媽臨終時我有回去，但媽媽不要我待在那，她把自己關在房裡，不讓我看，一定叫我回美國來。

學習之路

　　後來我考初中，考到中西基督教的附中，我中文很好，ABC 卻一個都不認得，考個鴨蛋。

　　同學譏笑我，叫我「孫山」，我起先還不懂，後來才知道是名落孫山的意思，我氣得決定自殺，一瓶清潔劑、一瓶墨水，我那時決定墨水顏色深，應該比較毒吧，就把墨水喝下去了，坐在那等死，等到傭人來叫我吃飯，我心想都要死了，還糟蹋糧食幹什麼，結果什麼事也沒有。我現在想，我當時要是吃了另外一瓶，現在就不會坐在這跟你說話了。

　　初中三年畢業後，我在震旦大學附中唸高中。高中畢業以後，到震旦女子文理學院，那時國內的女性才剛開始唸大學。我在那兒唸了五年，從不請假，勤勞耕耘於學海。因為我當初英文考大鴨蛋，我想挑戰最大的科目應該是英國文學系，所以我的大學主修科目就選擇去唸英國文學系，直到畢業。

鋼琴之憶

　　震旦大學畢業時，爸爸買了一個 baby grand 鋼琴做為我的畢業禮物，鑰匙我帶來美國了，卻一次都沒有彈過。

　　我從高中起就開始學鋼琴了，那時上海有兩個最好的鋼琴老師，一男一女。我的老師是個俄國女士，但我覺得她很不合理，她收我爸爸六美元半小時，可是她只收其他俄國人五毛錢，她的未婚夫常常跑到她家裡，當著我們學生的面抱抱摟摟，吻來吻去，我是個古板的人，覺得這很難看。

　　她不但要求我背樂譜，還要我跟她同時彈，為了死記樂譜，我得開夜車背。她說我彈琴像打字一樣，一點感覺都沒有，有一次她氣得用尺條打我的手，打到血都出來了。我火氣衝頂，把樂譜一撕、往她頭上一扔，就跑回家了，我倒在爸爸懷裡痛哭流涕，我說：「你看我的手，你看我的手。」我爸爸立刻打電話要告她，因為他是律師，他說她虐待我，對方當然在電話裡道了歉，我從此就不去了。我爸爸很希望我繼續彈琴，因為他覺得我有一點天分，所以我大學畢業時，他就買了鋼琴送給我，我一次都沒彈，就到美國來了。

初識夏道泰

我記得第一次見到他是在對日戰爭打完時，他從重慶回到上海，他跑到我們家來拜訪我的父母。我那時對他沒有什麼印象，他的媽媽很喜歡我，但我對她也沒有什麼印象，他媽媽不像我媽媽那麼有學問，就是普通的家庭主婦，人很忠厚，可是不是一個觀察入微的人。

他爸爸夏勤那時是最高法院院長，官威很大，他家裡有十個兒女，大家都是在看見爸爸時叫一聲，回頭就溜，不太敢跟他說話。他爸爸跟我爸爸是好朋友，他媽媽跟我媽媽是好朋友。

每次他爸爸到我們家來跟我爸談事情時，我就會在旁邊聽著，一聽不對，我

就立刻站起來,「夏老伯,我不同意你的話,」我立刻把我為什麼不同意的道理也講給他聽,他有時就笑笑,也不說什麼,也不說我對,也不說我不對,因為他沒見過這種事。後來他跑來跟我爸爸求婚,我爸爸說:「你有老婆,求什麼婚啊?」我爸爸很有幽默感,夏勤說是為他兒子求婚,我爸爸說:「不行,我的女兒被我寵壞了,不懂規矩。」然後就說我不懂得怎麼尊敬老人,「所以嫁過去會跟你家搞不好的,所以不要。」

等他走了以後,我跟爸爸說:「你完全對,我完全贊成你的話,你千萬不要鬆口。」第二次他又來了,我爸爸還是說:「不行啦,我女兒脾氣太壞了,被我寵壞了。」夏勤反而說:「有用的人總是有一點脾氣的,我了解,沒有問題。」「你了解也沒有用,他們小夫妻也許不了解呢。這事情絕對不行。」第三次他又來了,我爸爸就答應了,我老大不高興,我跟他說我絕對不幹,絕對不行!我情願去做修女。

1945年抗戰結束,夏道泰回到上海時,他已經大學畢業了,在銀行做事,薪水很高,他對我爸媽很客氣,去無錫時也會買些東西帶過來給他們吃。

1948年,我大學畢業之後就來美國了,夏道泰那時已經在美國了。

與夏道泰約會

父母逼著我去跟夏道泰吃飯，我媽媽說：「既然人家來請你出去吃頓飯，吃飯又不是訂婚，有什麼關係？」後來我只好跟他去吃飯，吃飯時他點菜，就只點自己的菜，我才吃了一半，他已經買單了，因為他吃完了。

我記得第一次我點了冬菇菜心，夏道泰沒興趣，他到現在為止仍然不吃素菜，他只吃肉，跟我格格不入！他請客時若請十個人，他在點餐時不會問人家要吃什麼，洋飯除外。

我回來就跟我媽媽說：「絕對不行，這個人很好色。」媽媽問什麼叫好色？我說有漂亮女性走過去，我們話說了一半，他馬上轉過頭去看，有一次我故意說：「唉呀，那邊有個漂亮的人走過去了。」他馬上轉頭去看，我心想這人真沒有禮貌，我爸爸、哥哥從來不做這種事的。

我媽媽說：「你要了解男人跟女人不同，女人不看男人，男人總是要看女人的。」她說：「男人會身不由主的回頭去看，不要大驚小怪，這有什麼關係，他要看就讓他看。」我也不懂媽媽是從哪兒學來的。我老爺到現在還是喜歡漂亮女人，他的秘書在國會圖書館裡是最漂亮的。

夏道泰只找熟的餐館光顧，他曉得哪些菜比較好吃，我覺得讓每個人點一樣他們喜歡吃的菜，會比較尊重人，如果只有我們兩個的話，他一定只點他喜歡吃的菜。如果我說我喜歡吃另外一個菜，他就說：「唉呀，不要，不好吃，我覺得這個比較好。」

男人自私的小孩脾氣哪怕到九十歲、一百歲，仍然會有的，就是多少而已，算不算是缺點，還是只是小孩脾氣，反正我認了。

我在教會學校唸書時，覺得婚姻的事應當自己作主，這是原則問題，我為什麼讓人家擺布？但是到了1947年我們訂婚了，是他爸爸堅持要訂婚的，因為怕他到美國會娶外國人。我除了尊重爸爸媽媽的意見以外，對他也勉強接受了。

遠渡重洋到美國

1947年我們訂完婚，夏道泰就回美國了，我在上海再待了一年，直到1948年才從上海來美國。

爸爸當時給我買了頭等船票，我心想去唸書何必買那麼貴的票？立刻拿去退掉，買了張三等票，被爸爸狠罵一頓，他說：「你兩個哥哥出國唸書都是頭等票，你為什麼要把自己搞成三等公民啊？」一上了船，我立刻就後悔了，三百多人一個艙。唉唷。

船艙裡兩層樓的床，我睡了上舖，比較乾淨一點，底下是一個飯店的老闆娘，那人很髒。她有一簍皮蛋擺在床頭，她用腳趾去夾住一個皮蛋拿出來，拿過來以後在床中間一敲，殼就掉下來了，她就吃那個皮蛋，那皮蛋的味道……本來我很喜歡吃皮蛋的，加點醬油、配稀飯蠻好的，經過這個經驗，我覺得皮蛋是世界上最最可怕的東西。

當時我穿著睡衣坐在床上，剛要爬起來，她飯店裡的伙計就跑來站在我床邊，拍老闆娘的馬屁，又坐在床邊跟她談天，我就沒辦法下床了，我又不能在上面換衣服，你懂吧？那三百多人一艙，我怎麼在上頭換衣服呢？

後來我拿了一張毯子坐在甲板上十幾天，海風吹得我凍得要死，我那時真是後悔，我替爸爸省這個錢幹嘛？後來頭等艙有些小朋友們在甲板上看見我裹著個毯子在發抖，他們就把他們的毯子拿了兩張給我，還有人拿一點吃的東西給我，要不然我就餓死了。我在船上待了二十一、二天。

我還有那時的中華民國的護照，只是一時找不到。我的結婚證書也找不到，訂婚證書也找不到，護照上面有簽證，是學生簽證，護照有效期好像三、五年。

到美國時，我從舊金山上岸，爸爸打了電報叫哥哥來接我，他那時在耶魯大學唸書，結果我在船上打了一個電報給他，叫他不要來，我說我自己既然能來美國，就會找到紐約，用不著他跑那麼遠，我希望他不要為我曠課。

下船後，我登上了三藩市的碼頭，舉目無親，嚇得眼淚直流。我自己從來沒有出過遠門，第一次出遠門就到美國來。看到我在流淚，王雲五的兒媳婦（我們在船上時沒見過面）下船後對我說：「小妹妹，你哭什麼？」我就一把眼淚一把鼻涕的說了：「我自己一個人在這，我哥哥應當來接我的，可是我叫他不要來，結果他真的沒來。」

我那時二十一、二歲的樣子，我現在把王雲五兒媳婦的名字給忘了。後來她把我帶到她家裡去。她說：「你在這哭也沒用，你還是跟我來吧。」我就真的跟了她去，住在她家，有吃有住，她家住在 Oakland，當地的人都認識這位王雲五的兒媳婦，為了歡迎她，她一天到晚出去應酬吃酒席，我就跟在後頭吃。

我現在只記得她家有一個小女孩叫 Helen，她跑來照顧我，其他人我就完全不記得了。住了幾天工夫，她又開車把我送到機場上飛機去紐約，哥哥及夏道泰來接我。隨後他們帶我到 Chinatown 去吃飯，上了地鐵，我先一腳進去，門一關，他們被關在外頭。我又嚇得眼淚直流，我哥哥在門外叫我：「下一站。」

到了下一站我出來，看到他們站那，我就一把抱住我哥哥痛哭流涕，我哥哥說：「乖乖乖，不要鬧了。」他說：「現在我們都在這，以後你記好了，你上地鐵的時候，不要頭一個衝進去，你得跟我們一塊兒進去才行啊。」

我那時連 Columbia University 的地址都沒有。我住宿舍，大哥有時會來接我去吃飯，女子宿舍男人是不能進去的，大家在就在門口擁抱、接吻，我大哥說：「眼睛閉起來！眼睛閉起來！」他不讓我看那種情形，我還真的把眼睛閉起來。

夏道泰那時在耶魯大學，學校在康乃狄克州 New Haven，他每個禮拜跟我大哥一塊兒過來，我們三個人就去吃飯，我們連小手都沒拉過。

我大哥叫王吉，他是耶魯大學法律系的。他要過來找我時，夏先生就盯著來了。哥哥每次來時，都會把他的髒衣服帶過來讓我代他洗，男人的內衣啊，我不好意思在公共場合裡洗，我等大家都睡了，半夜起來給他洗，洗乾淨了以後晾在我房間裡頭等乾，然後我摺好擺在口袋裡。

哥大宿舍

夏道泰、王詳明與大哥、大嫂

我跟夏道泰結婚有一個條件，他的內衣褲請他自己放在洗衣機裡頭，洗乾淨了以後，我可以替他擺到烘乾機裡去。後來我二哥來美國了，來了以後他的內衣褲都要我洗，因為他一輩子沒洗過衣服，那十年我洗他的髒衣服，我老爺的髒衣服我也照樣洗，因為我覺得我既然能洗哥哥的衣服，應當就可以洗老公的衣服，雖然我還是不大願意，後來哥哥去世，我就誰的都不洗了。雖然有洗衣機，可是衣服還是要從洗衣機裡拿出來的，才能丟在烘乾機，我的手不願意碰到人家的內衣，這是我的原則。

在美國唸書

我在哥倫比亞大學唸英國文學碩士，我很用功，因為我英文不行，所以我就特別用功，晚上不睡覺苦讀，我的分數大概就普普通通吧。其實只要唸一年就夠了，但我多待了半年，因為要幫我哥哥打論文，他打字很慢，而且打得不好，論文的最終稿一定要很整齊，我打字乾乾淨淨的。

我幫哥哥打字時，我們住在 New Haven，在一個伙食店的樓上，夏先生那時候還在讀書，住在宿舍裡。

1950 年時，哥哥帶我回香港，我在香港待了差不多一年多，1951 年時，哥哥及爸爸讓我轉變了想法，我決定再次回到 New Haven，我坐船從香港回美國，我一個人回來，記得同船上有一位叫做黎東方，Oriental Lee，後來才知道他是大作家。

結婚之後

我們在 1952 年結婚，那是我們在物質上最苦的時候，我們當時苦到什麼程度？吃肉吃雞頭頸，一毛錢一磅，吃菜吃菜邊皮，一毛錢一大包。他還在唸書，我就開

始工作，一個月拿一百多塊錢，我要付房錢五十多塊，寄給他爸爸媽媽二十塊，寄回家十塊，我當然也想寄二十塊回我家，可是拿不出來。

在耶魯大學歷史系做秘書

我第一個工作是在耶魯大學歷史學系做秘書，系主任對我很好，他太太也對我很好。為了我，他還到香港去找我爸爸，因為爸爸不許我做秘書，爸爸認為秘書是花瓶，他叫我只能教書，做小學教員、中學教員。我當時實在找不到事情，只有這位系主任願意接納我，可是爸爸不許怎麼辦？系主任說他去看我爸爸，他真的跑到香港去了，一方面因為他是耶魯中國協會 Yale Chinese Association 的創辦人，所以他有時也會到香港去跑跑，他跟我爸爸見面時，我爸爸還特地雇了一個翻譯。

系主任告訴我爸爸，他有兩個兒子，沒有女兒，他會把我當女兒一樣看待，不會把我當私人秘書。他還說，做系秘書跟中國人想像的不同，不是個人的秘書，是全系四五十人的秘書，父親最後被他說動了。

1962 年 10 月全家在美團聚

Why I Give: Yale-China has been a part of my annual donation program for over 30 years. Why? I know of no other place where my contribution makes such a meaningful difference to the organization, where the cause—improving understanding between Chinese and American people—is increasingly vital, and where my gift allows me to give back to an organization which profoundly shaped the course of my life. The world is a better place because Yale-China is in it. In my small way, I help keep the cause alive.

—Douglas Ferguson, Former Yale-China Fellow and Vice Chair of the Board.

Inspired To Give: My gift is in honor of Professor Harry Rudin, someone who meant so much to me! Because I know that Yale-in-China meant so much to him. Professor Rudin was a very broad minded, kind person. He really wanted to do good work and to help the Chinese. And the fact that he took me in as his secretary—I cannot thank him enough for his kindness. I just want people to know. And I miss him so much!

—Gloria Hsia, friend of Prof. Rudin and longtime Library of Congress senior staff member

Gloria and Tao Tai Hsia at their home in Washington. Tao Tai holds a photo of Bachelor Harry Rudin in 1921.

We are grateful to Gloria Hsia, who surprised us this fall with a major gift to Yale-China. Her donation was made to honor Professor Harry Rudin, her former employer when he chaired the Yale History Department and served as Chairman of the Board of the Yale-in-China Association (he'd been a Yale-China Fellow at Yali, too). Gloria expressed her gratitude to Rudin for giving

我在那個位置做了一年半，系主任對我很好。我這個人脾氣很硬，如果我覺得這事我不當做我就不做，他也從來不會勉強我。譬如，美國秘書會燒咖啡給老闆喝，我說我不是傭人，燒什麼咖啡？我不燒，後來英文系的秘書是位男士，他就跑去燒咖啡。電話響半天，他問我怎麼不聽啊，我說我頭一天上班，什麼人都不認得，我聽什麼電話？他就告訴我：「這是人家打給系裡的，你得聽。」我問：「那我說什麼？」他說：「你就說這是歷史系，我怎麼幫你？」後來他變成我最好的朋友，教我怎麼做秘書。

有一次我傷風了，我的上司系主任到外頭買了一大杯熱咖啡，送到我桌上來，他說：「你喝一點熱咖啡，你的喉嚨啞了，你需要喝水，這咖啡很好，你喝喝看。」我給他錢，他說：「不要，不要。」過了幾天，換他不太舒服了，我也去買了一杯咖啡，他要付錢，我也說不必，這就是我們的關係。我上司系主任的名字叫 Harry Rudin，去年我還捐了一筆錢去耶魯大學追悼他。

在系裡我跟一位 Sterling Professor（系裡學術地位最高的教授）搞得不對頭。因為我是系秘書，我聽人家說我是管兼職秘書的。有一天這位教授有位兼職秘書有要緊事情，跑來問我她能不能早退十分鐘，我說：「走吧，走吧。」我說：「你有要緊事，趕快回家。」

哪曉得這位教授來了，問：「我的秘書到哪去了？」我說：「我叫她回家。」「你有什麼權力叫她回家？」我說：「我應當是可以管她的。」他說：「誰付薪水啊？是你付還是我付啊？」我說：「我有這個印象。」他說：「你印象根本錯誤。」後來我只好說對不起，我說：「你不要怪你的秘書，是我叫她回去的。」

聽說那個秘書回來以後，他破口大罵：「你是個賊啊，偷我的時間。」把她罵得狗血噴頭，那個老太太當時已經六十多歲，跟他做了很多年，被罵到眼淚鼻涕都出來了，我覺得很難過，因為是我叫她回去的，所以我就去跟教授道歉，我說：「你罵我，請你不要罵你的秘書，是我叫她走的，是我的錯。」我怎麼樣跟他道歉都不行。

結果六個禮拜之後，這個兼職秘書中風死了，雖然她已經老了，但在我心目當中覺得她是被他害死的。後來他叫我做事我就不做，我拿了一個本子給大家簽字，

先來先做，就算講師叫我做，我也會先跟他做，教授叫我做，排在後頭等。

可是學校裡的級別分得很厲害，講師地位低，根本沒機會讓我幫忙做事情，我覺得這很不民主，就搞個來賓簽到簿，大家把幾點幾分來寫好，我就照著時間順序做。唉呀，不得了，把那位教授氣死了，跑到我上司面前告狀，「你這個秘書是哪兒挖來的人？有這麼大的規矩，還讓我聽她的話。」我上司回答，他會想辦法，請教授不要生氣。

上司好言好語的跟我說：「能不能請你幫個大忙？」我說：「你要叫我做任何事情我都會做的，只有你對我好。」他說：「我不要勉強你。但如果你覺得實在不願意做，我也挺出去了。」他說：「不過呢，你要曉得我從前是他的學生，我現在雖然是系主任，還是要讓他幾分的，所以如果你能幫我忙，不要把他弄得太不開心，我就很感激你了。」

我說：「好啦，有個條件，如果只有我跟他兩個人的話，他一定會想盡辦法來懲罰我，我不願意受到這種虐待，所以你得坐在那看著他，因為這個人很惡毒、很壞。」上司說：「可以，我坐這，絕對不讓他虐待你。」他就坐在那兒，後來這個教授又來了，一下希臘文，一下拉丁文，我不懂希臘文，又不懂拉丁文，我寫不出來。我就打了一個辭職信，我說：「我以前覺得我做一個秘書很合格，我現在覺得我不合格，現在這兒的秘書好像需要懂希臘文及拉丁文，我兩樣都不會，只好辭職。」等這教授走掉之後，我就把辭職信交給系主任，他說：「請你暫時把這封信擺在旁邊，我不要看這個東西，我這兒有一點事情請你幫我做。」所以後來我就沒有辭。

作為美國華人

看著中國現在站起來和川普對立，讓我覺得很驕傲，至少中國是一個強國了，這麼多年以來我們都被人家看不起，笑我們是弱小民族，現在我們強大到可以跟川普對立了，真了不起。但在民主制度下做總統應當有限期，沒限期就變成獨裁。總

而言之，我還是以中國為榮，做到現在這樣子很不容易。

以後中國會怎麼樣，我顧不上了，我這麼大年紀，大概還有兩年可活，我希望我老爺活到一百歲，那我就可以心安理得的 bye-bye。

以前我先生在唸書時，就發現將來做教授會很困難，中國人在美國的出路更會受到語言的限制，所以他一方面唸書，一方面就開始寫關於中國法律方面的文章，比如中國在沒有法律的情況下，如何治理國家。我替他打字，他到處去發表，最後他就變成中國法律專家了，就有人來找他了。原本我們到處找事，我替他打了兩百多封信，都沒人理。

他那時博士也唸完了，他的指導教授告訴我：「你先生很聰明，就是沒人要。」但後來他變成中國法律專家了，大家反過來找他，所以他能到國會圖書館上班，而且憑著他的法律博士學位，很快的就青雲直上做了十五級的部門主管。我到那兒靠的是我的圖書館學碩士學位，而且必須從九級小員工做起。

我的名片：**Gloria Xia**, **Chief Catalogue,**
Publication and Management。

國會圖書館分三級，我和夏道泰都是處長階級，因為我有圖書館碩士學位，所以我在國會圖書館從九級開始做，在很短的時間內升到處長，我做的東西跟中國完全沒有關係。

我後來會辭職是因為從前有一個上司對我很好，他一天到晚在別人面前誇獎我，後來我只好說：「求你不要逢人就誇獎我，讓我變成整個系裡最不受歡迎的。」他卻回答：「我就是要告訴人家，我眼裡沒有種族歧視，凡是能做事、做得好的，就是好人，所以我才會帶著你四處炫耀。」他去罵人時也帶著我，叫我站在他後頭，我簡直氣昏了：「你再這樣，我就不幹了。」

美國政府有空缺時，要公告說明該空缺需要什麼資格，上司為了提拔我，他去印了一張有空缺的通知給我，是唯一的一張，讓我沒有競爭者，我覺得這樣做很不合理，應該要平等競爭，我於是跟他說：「你這種不公平的作法，就算我得到了，心裡也不開心。」

　　後來我有個老外朋友，他說：「你說現在有這個空缺，可是我找來找去，找不到。」我說：「你要多少份？」他說：「我要兩打。」我說：「我印五十張，你拿去，你去到處散發，如果有人資格比我好，他就應當得這個位置。」他果然到處分發，我上司很氣，他說：「我不願意面試這麼多人啊。」

　　後來上司叫我做超時工作（overtime），overtime 一個禮拜要做滿四十小時，禮拜六、禮拜天都要去，我若支援 overtime 的話，可以拿一倍半的工資。可是我的家務事很多，家裡什麼事都要我做，上司說：「那你就雇一個管家吧。」我心想你給我的工資還不夠我雇一個管家，而且我丈夫第一，我沒有辦法答應做兩年的 overtime。最後我只答應做一年，他要求三年，我說絕對不幹，後來他對我就有一點不高興。

王詳明 80 歲生日

夏道泰 90 歲、王詳明 80 歲

活到九十九 -- 夏道泰夫婦的養生之道

（**王詳明**）：除了侍候我老公之外，我沒有別的鍛鍊。

（**夏道泰**）：我弟兄姊妹十個，只剩我一個是清醒的，我兩個妹妹都不行了。

（作者按：夏道泰先生已於 2020 年 10 月仙逝，享年 99 歲）

我的養生之道就是知足常樂，不要一天到晚胡思亂想，不要跟別人競爭得太厲害，避免樹大招風，孔夫子的中庸之道，滿招損，謙受益。

我在大學（中央政治學校，政治大學的前身）的時候，我的體育差不多是全班倒數第一，我們班上有五十幾個人，現在只剩下五個，全住在美國，其他人都去世了，我想他們都曾經拼命的鍛鍊。所以你問我為什麼能夠活到這樣老，大概是因為老天給我機會，讓我過得非常舒服吧。

1950 年中期，我的運氣大轉變，我得到了福特基金，準備到密西根大學教書，但我沒去，而是進了國會圖書館，這個工作讓我喜歡做的事情都做到了，像是看書、寫作，轉運以後，我沒有一天缺錢，應該很少有人能像我這麼幸運。

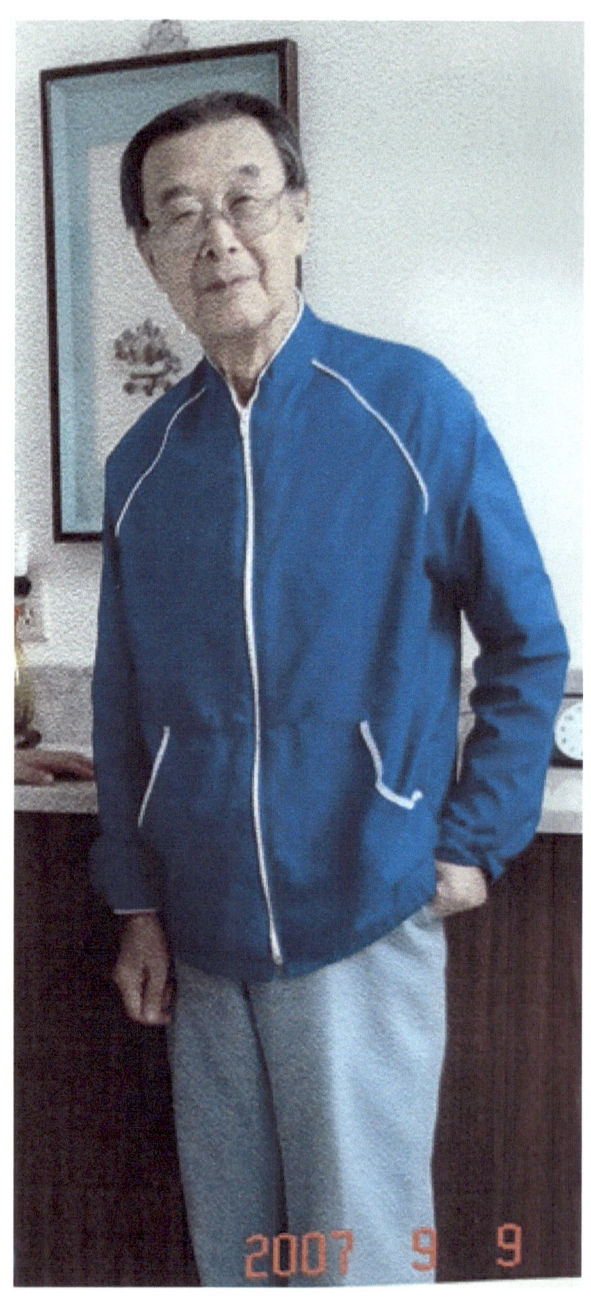

夏道泰 87 歲

回憶知交

我有很多好朋友，要是沒有他們的話，日子就難過了。

Grace Wee 是我在 U.C. Berkeley 時的同學，她對所有的人都好，常常幫人忙，我結婚六十八年多了，我們卻有七十年的交情。她每年一定寄月餅來，為了這個月餅她會打幾十個電話給我，為什麼？她不相信我喜歡吃豆沙月餅，因為豆沙最便宜，她以為我是替她省錢呢。

Grace Wee 在我結婚以後，早中晚都到我們家來吃飯，我告訴她：「只要你不嫌我們家的菜不高明的話，你隨時都可以來。」後來我住 New Haven，每天要坐火車去紐約去唸書，不管下雨、下雪、結冰，她一定開車到火車站去接我。把我送回家以後，她還得半夜三更的找停車位。

我跟她說：「你不要來接我，我走得很快，一會兒就到家。」她說：

「不行，我一定要來接你。」整整一年，時間到了，她的車子就會停在那，我每次看到她，眼淚就掉下來。她現在住在夏威夷，我常常跟她通電話。

從前有一次張大千要送我畫，唯一的條件是要我親自燉一碗冰糖蓮子送給他吃，他說吃了這碗蓮子，就送我一幅畫。我想我親手剝出來的蓮子，我自己都捨不得吃，想了一個禮拜，我沒答應，張大千那時在 New Haven 賣畫維生，我覺得拿他免費的畫是打秋風，自己買不起就拉倒。現在他的畫一幅值一百萬美金以上，我算是失之交臂。

我們還有個好朋友叫莊去病，那時他住兒子家，我們差不多每個禮拜都會開車去接他出來吃飯，他說：「我實在沒有辦法回請，因為我沒錢。」夏道泰問：「你的兒子發了那麼多財，不給你零用錢嗎？」他說：「沒有，孩子只給我一百塊。」他住的地方在華盛頓 DC，離我們大概開車二十分鐘的樣子。

他兒子跟人家合夥開了一家很賺錢的公司，莊去病叫我們去買他兒子公司的股票，我們聽了他的話，買了八萬塊錢的股票，結果漲到幾十萬，我老爺向來捨不

這張照片是1943武1944年在毅本學校照的，背景是一丁建在土坡上的教室。後來這個教室由於承建單位的偷工減料倒塌了，並使一丁正在上課的學生罹難。建筑單位賠了錢還做了悼念的佛事。

我左底片堆里找到的。

一九九四 文翁 [印]

與好友文翁

得賣東西，股票也一張不賣，後來就一個銅板不值，把八萬的本錢也賠掉了。

莊去病本來是國民黨的，後來他「起義」了，還勸別人起義，所以搞的老蔣政府大不開心，他就回中國了，他到中國以後有一段時間完全不能出來，等到他終於出來以後，就住在兒子家，但兒媳婦竟然趕他走。

我老爺本事大，給他找了一個 fellowship，叫他搬出來，還替他找了一間公寓，把我們家裡樓下的家具統統運過去給他用，包括一台小電視，他在那住了一年，我們經常開車去請他出來吃飯。

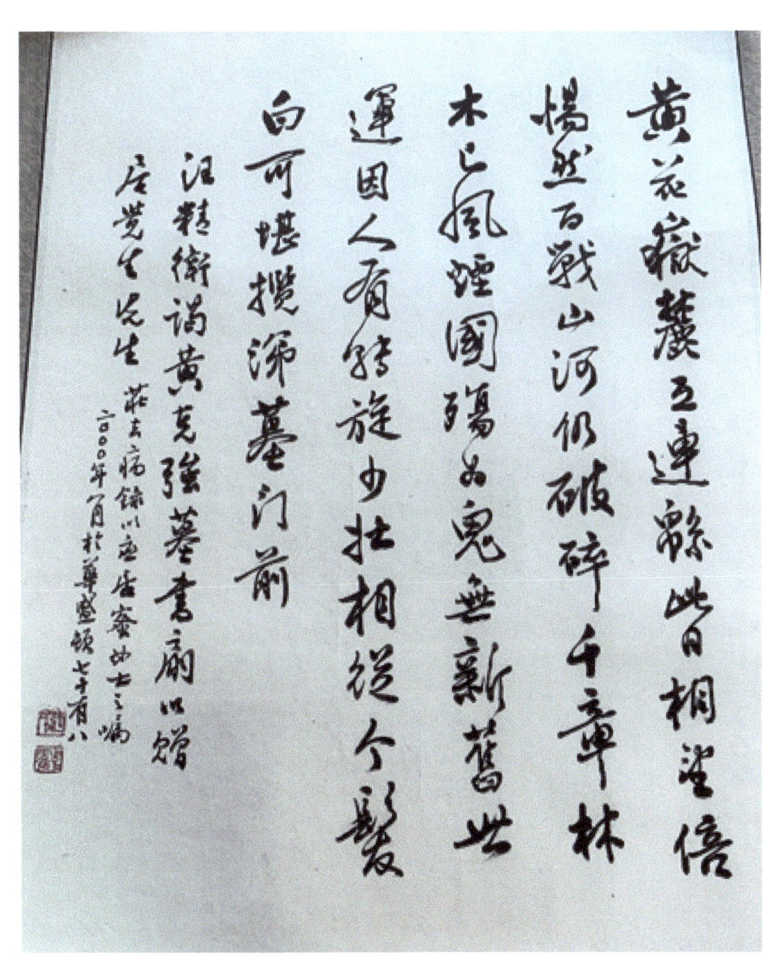

幾張舊照片

這是我們訂婚的照片。

這是我爸爸媽媽的結婚照，你看媽媽的花是這麼抓的。我父母是第一個搞文明結婚的，沒有像從前左配龍右配鳳的場景，所以當時母親連花都不會拿，抓在手上。

夏道泰獲得博士學位，1952 年

我最佩服羅斯福總統夫人 Mrs. Eleanor Roosevelt

我們都做過聯合國的 intern (internship certificate) 1950 年

王詳明在左四

夏道泰在聯合國（右三）

王詳明在聯合國（前排右七）

夏道泰（後排右一）

憶胡適

　　胡適先生人很好，我們是晚輩，但他很客氣，每次我們去看他要回家時，他都會從樓上一直走到一樓大門口送我們出去。他太太纏小腳，他也沒有把她拋棄，據說他以前曾有幾個女朋友，居蜜的阿姨徐芳曾是胡適的女朋友。

　　胡太太曾經請我們在她家裡吃醃篤鮮，上海出名的菜，是火腿跟鮮肉合起來做的湯，我看到醃肉上飄了一層蛆，很噁心，但那時夏道泰跟胡先生正談得開心，他看也不看他的湯，還拼命的吃，那我這一碗怎麼辦呢，我考慮再三，這是她老人家好不容易才熬出來的，我就硬生生的把那個有蛆的湯喝下去，味道還不錯。

　　胡適之先生的字上面題道泰兄嫂，總算把我的名字帶進去了。

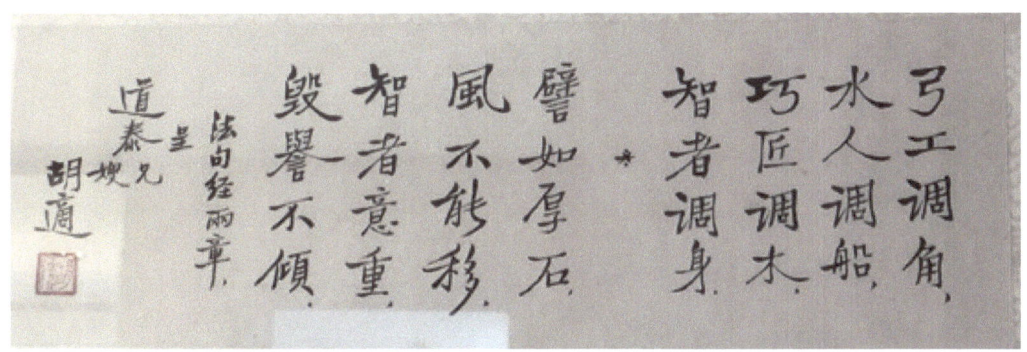

直視我的婚姻

1. 夏道泰和我父母有緣

　　因為父親寵我，哥哥們就很討厭我，他們給我起了綽號叫醜八怪，還說：「像你那麼醜的人，你將來嫁的人一定是花癩麻：花嘴、癩痢頭、麻子。」後來夏道泰到我們家來的時候，他們就叫我：「花癩麻來了。」當然我先生不知道，他如果知道會氣死。

因為家裡三個哥哥都說我是醜八怪，我就去問媽媽我是不是很醜？媽媽說：「醜也用不著覺得難過，好看也用不著驕傲，這都是上天的意思。」我想大概她不能說我醜吧，我就去問我爸爸，我爸爸說：「你再醜也是我的小公主。」

所以我後來就覺得我是世界上最醜的人，我不相信鏡子，我相信我爸爸媽媽。

（**夏道泰**）：你年輕時很漂亮。她在年輕的時候相當美。

（**王詳明**）：你一輩子沒說過我漂亮。

夏道泰有時跑到我們家，不是為了找我，而是找我爸媽，他很會跟老人相處，我爸媽都很喜歡他，那時我對於他毫無興趣。他會帶無錫排骨、年糕來給我爸爸媽媽吃，還有一串一串的麵筋。

我爸爸媽媽說他老實，我說我不大喜歡他，為什麼呢？因為我跟他一塊兒去吃頓飯，他只點他喜歡吃的菜，從來不問我要吃什麼。在家裡，我是爸爸的寶貝，每次爸爸點菜時，都會先問我要吃什麼。夏道泰卻不是這樣，他只會點自己喜歡吃的。我當時叫了一個菜，好像是冬菇炒菜心，我吃得慢，我才吃了一半，他說：「買單。」因為他吃完了。

還有，只要漂亮一點的女生走過去，他就立刻回頭看，所以我有時候開玩笑跟他說：「那邊有個漂亮女人。」他馬上回頭去看，絕無例外。所以我曾跟媽媽說這個人絕對不行，但我媽說他是老實人，不會作假，堅持他是世界上最好的人。我那時沒有抗議，我非常順我爸爸媽媽的意思，但我真的沒有喜歡他。

我在聖心修道院唸了七年的書，有五年的時間我每天上學，從來沒有晚到或是請假，所以大嬤嬤認為我適合做修女。我這個人脾氣很倔強，我對於她們那種管教的辦法並不欣賞，因為有些同學本來是基督教，為了要討好這些大嬤嬤，就改成天主教，還有人買了花籃，上面都是鈔票，送給大嬤嬤。

我在那裡唸了七年書，沒有受洗，因為我媽媽是信佛教的，我自己沒有信教。後來我唸震旦女子大學的附中，是天主教學校，那時我比較開心一點。我哥哥後來做過這個學校的校長。

我大嫂是王嘉廉的媽媽，也是震旦大學文理學院畢業的。我大嫂是四分之一

英國人，她的祖父是英國人。大嫂跟我哥哥的感情非常好，他們從中學就認得，我哥哥先畢業，等她大學畢業以後他們就結婚了。我崇拜她的不得了。

我相信父母選擇女婿會比較冷靜、比較客觀，相較之下，女孩子自己會比較主觀，愛上一個人了，不管怎麼樣就是要嫁。我的婚姻是父母之命，我爸爸媽媽很喜歡他，我不一定那麼喜歡他，雖然我覺得他人很好，相貌也不太壞。

2. 結婚 68 年

我跟他結婚 68 年，沒離婚、沒鬧事，所以在這一點上，父母對他的看法沒錯，但我總覺得婚姻要 romantic 一點，感情要好一點，對象要是自己看得上的才開心，可是如果你從來沒有交過男朋友，又在聖心修道院裡修道了 7 年，你會懂得什麼叫 romantic 嗎？我覺得婚姻是我的事，理當由我做主，但我最後還是接受了父母的安排，因為我不願意傷母親的心。反觀今天年輕的女孩子，就算父母強烈主張她嫁給誰，她們多半還是會 follow 自己的心，承擔婚姻當中的 ups and downs。

我和夏道泰對家庭的看法完全不同，所以剛開始時我們格格不入，可是我媽媽把嫁雞隨雞的那個理論，一天一通電話的跟我灌輸，所以我就算了，我不要讓媽媽傷心。

後來我媽媽得了肺癌，我那時做 Assistant Chief，我就請求上司讓我留職停薪一年回去陪我媽媽，上司答應了，我就回到中國。媽媽看見我很開心，但我先生後來打電報說：「你趕快回來吧，那個處長說她要退休了，那誰來接管她的事？」我心想最多我不幹了，我情願陪媽媽。結果有一天，媽媽把我叫到房間裡去，她說：「我覺得你應當回去了。」我說：「我陪妳不是很好嗎？」她說：「你要曉得，萬一我有一個三長兩短，你又沒有工作，回家後你們就得家徒四壁，日子多難過，你還是回去好了。」她說完就把房門關起來，她說：「你走吧，你如果不走的話，我就永遠不開房門，你不要跟我說 Goodbye，等你走了之後，我才開房門。」我只好走掉了，也沒有說再見，她後來始終沒叫我回去，直到我爸爸打電報說：「你快點回來，你母親不行了。」

我馬上就趕回去，可是三天之後她就過世了，我先生說：「時間可以沖淡一切。」可是我一想到她就難過，還會哭，我現在這麼大年紀了，一想起來就好像昨天剛發生的一樣。我好像從來沒有愛上過我的先生，我很對他不起，我想就是因為他，我才不能跟我媽媽在一塊兒，我就很生氣。

我們沒有子女也是自己的決定，並不是生不出來，那時我們太窮。

同時夏道泰堅持要先把他那個博士唸完，好像永遠唸不完似的。等到他終於唸完時，我們也太窮了。我結婚的時候二十七歲，他唸完博士三十歲，我大概二十八歲。我媽媽很著急：「你訂婚了這麼多年，為什麼不結婚？」我實在沒辦法告訴她因為我們兩個脾氣不合。

我的小哥比我大三歲，那時他在非洲Borneo，那地方是食人族住的，吃完人再把人頭掛在頸子上，他竟然跑到那裡去教書。他寫信來說：「你要結婚時告訴我一聲，我要送你個禮物。」他還寄照片來，照片中有個酋長，身上掛了一串的人頭，他說這麼多人頭太貴了，他只能送我一個。我就寫了一封回信：「我要結婚你也不必送我人頭，我結婚不是為我自己，是為我媽媽，因為她覺得我年紀大了，該結婚了。」

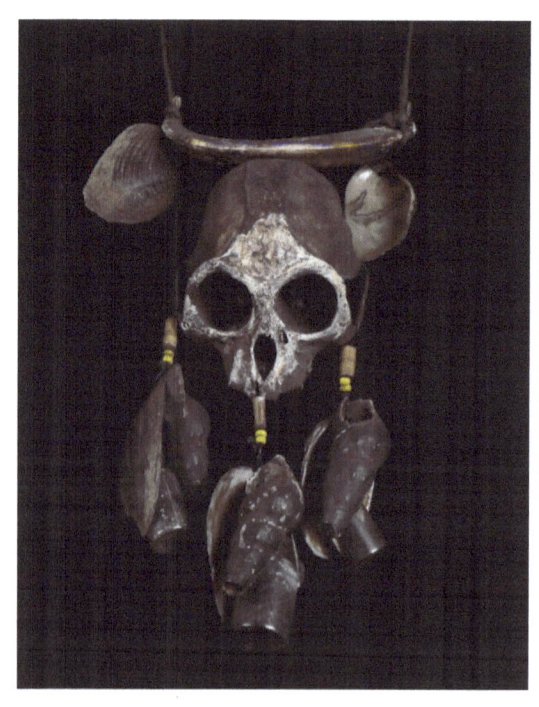

Borneo human skull necklace

他做夢也沒想到我爸爸會到 Borneo 去看他，我爸爸去了之後看到這封我寫的信，打了自己耳光，打了又打，哭說：「都是我害她的……」結果我哥哥寫信來：「我闖禍了，你那封信被爸爸看了，打了好多自己的耳光，左右開弓的打，說他害了你。」我立刻寫信給我爸爸說：「我們的婚姻非常美滿，他對我好得不得了，我也聽他的。」我說：「我在家裡頭也做事，在外頭工作都很好。」一再的說我們很美滿，還叫朋友照相，兩個人站的很近，「你看，我們都好，很開心啊。」從此我每個禮拜都寫信回去報告，說我們多麼美滿。

所以我一輩子對不起我爸爸、對不起我媽媽，也對不起我的老公，因為老公不懂這是怎麼一回事，老覺得我一天到晚都不開心，所以你問我婚姻美滿不美滿，我可以說就是這麼一回事。

我現在麻木了，我也不怪老公，他生了好幾場病，都是隨時會走的那種毛病，現在想想我這一輩子，除了拚命想法子讓別人高興以外，好像我也沒有做過什麼特別好的事情。

二十歲以後，我爸爸說：「你三十歲就應該住到婆家了。」結果我那個婆家——我的老爺一個人跑去紐約度假，他走了之後，我自己炒了一盤蛋炒飯，忽然電燈沒有了，我就拿個梯子去換燈泡，幸虧我戴了橡皮手套，因為我一拔燈泡，火光四射，我嚇得差一點從梯子上掉下來，裝完後我走下樓梯來，心裡特別淒慘。

其實我唸完碩士以後就回香港了，我哥哥也跟我一塊兒回去。我當時覺得既然跟夏道泰不合，那就回中國為人民服務吧！我哥哥那時還在上海，他回信：「好極了，完全贊成。」可是他說：「你為什麼不去跟王瑞商量一下。」王瑞是我堂哥，他在台灣做鐵路局副局長，交通大學畢業的。

我問我爸爸：「我已經決定回中國了，為什麼還要去問台灣的王瑞？」爸爸訓我一頓，「你哥哥是在叫你不要回去，他已經被陷在那裡了，你還回去啊？」「你哥哥有他的原則，他要把那些學校裡的嬤嬤們遣散了才能出來。」哥哥那時是震旦的校長，他的教員都是英國人、法國人，等到他把他們送走之後，他就出不來了，所以後來我就沒有回中國，而是回到美國。

結婚以後，我們兩個人同心合力掙扎著逃出窮海，當時我們住在 New Haven

17 Edgewood Ave., New Haven, Conn.
December 27, 1952

的一個房子的樓上，老鼠跑來跑去，房東住在樓下，夏天時太陽一曬就一百多度，熱得要死，我們連風扇都買不起，房東覺得我們很可憐，他跟我說：「我們開車到海邊兜兜風好不好？」我當然說：「好啊，好啊。」就去了，可是回來的時候，還是得走到蒸籠裡頭，哼！別以為到美國都是享福的。

美國的種族歧視

那時我總覺得我們會一生窮下去，美國的種族歧視很厲害，後來因為有黑人鬧事、爭民權，美國主流就對華人好一點。從前我們去找房子，明明上頭寫有房間，可是我們一走進去，人家看到我們是華人，馬上就說房間已經租掉了，怎麼那麼巧，每次去了它都剛好租掉？

我哥哥還在的時候，我們住在義大利城，人家願意租一間房間給你，就是皇恩浩蕩。走在大街上，小孩子會跟在後頭，「你們是中國人還是日本人？」他們從來沒有見過黃種人，他們應該是好奇，而不是惡意的。

找工作時種族歧視也是無處不在，第一種歧視的方式是說你 overqualified，資格太好了，「你有碩士學位，我們秘書只要找學士學位就行了。」第二種歧視是因為我剛結婚，對方說：「結婚就會懷孕啊，一懷孕你就要請假，以後麻煩多了，你生了小孩以後還會來上班嗎？如果你決定待在家帶小孩不來了，那我不是白白訓練你半天嗎？」所有這類的原因都是違反法律的。還有一種歧視，嘴上不說，對你非常客氣，可是打心裡頭看不起你，你去找房子，他不說我不租給中國人，他問你在哪工作，我說我在 Library of Congress 工作，他說：「那你不能考慮這裡，你開車要兩個半小時才能到。」其實半小時就可以開到，我一聽回頭就走了，他們有各種各樣的說法，雖然表面上看不出來。現在白種人不敢公然歧視黑人，唯一的辦法就是不讓他進來，黑人一進門以後事情就大條了，因為如果他要升官，你不升他，他馬上會告你，所以圖書館很多部門都沒有黑人。

鄰居對我們的看法又是另外一套，整個社區找了一個代表來跟我談，因為丈夫們都跟太太說：「你看那個中國小女人，她在外頭一會兒推草，下雪天還會剷雪，你們這些懶鬼蹲在家裡，只會說這種事是男人要做的。」所以太太們都氣得跑過來問我：「你為什麼要做這些事？」我說：「我先生很願意幫我，可是他生病了，醫生叫我不能讓他做重事。」我心想這麼說名正言順吧，但我老爺說：「你以後洗地、洗窗子的時候，等我出去了再做。」

第一份工作來之不易

我們在 New Haven 的時候，我出去找事供他唸書，我想做秘書，人家不要，我滿街的跑把鞋底都跑破了，還找不到事，好不容易耶魯大學歷史系的 Harry Rudin 教授看了我的履歷問我：「你會不會速記？」我說我不會，但我會 speed writing，他問：「你哪兒學的 speed writing？」我說自己學的，買了一本書就自己學，他就跟我口述了一封短信，因為我從前唸的是英國文學系，英文還可以，記憶力也不錯，我就把它寫下來，結果有個 Litte Rock 的地名來不及寫，就畫了圓圈，就變成 Little Stone，rock 跟 stone 都是石頭，他看了笑起來：「你寫的這個信還可以，詞能達意，不過你幫美國發明了一個地方，Little Rock 變成 Little Stone。」他說：「好吧，請你做我的秘書。」我高興得不得了，但我還是得寫信去問爸爸，看他贊不贊成。

我問我爸爸意見時，他寫封信來：「不許。」他要我去做小學教員，還好最後 Professor Ruding 親自到香港說服我爸爸，我才順利的開始工作。

夏道泰（1921年生）自述平生

南京大屠殺發生在 1937 年 12 月，政府的船把我們家先送到漢口，南京政府也撤到武漢，後來到了重慶，所以重慶叫陪都。八年抗戰時 (1937-1945) 我在求學，這八年當中，我沒跟家人要過錢，我後來唸的幾所大學全有獎學金，那時不是我一個人拿獎學金，只要你進得起大學，誰都可以拿獎學金，所以我在教育方面沒有造成我父親的負擔。

我比較幸運的是我從政治學校畢業以後，別人都在政府部門做事，我被派到外交部去上班了一天，當晚我就回家了，因為沒有地方住，我晚上必須睡在自己的辦公桌上。

抗戰初期，中國有四大銀行：中央銀行、中國銀行、交通銀行、農民銀行，都是國家銀行，另外還有幾間小銀行，有一個叫做金城銀行，這個銀行的員工多是湘北人，我是江北，一般江蘇人看不起我們江北人，因為比較窮。

我們家有一間輪船公司，是我父親把他做官賺到的錢拿來投資的。那時他一個月可拿 680 個大洋，大洋那時很值錢，他還在中央政治學校兼課教書，一個鐘頭能賺 10 個大洋，所以他有足夠的錢去買產業。

我們家當時在泰州的房子，是全泰州最大的房子，共產黨來的時候，因為家裡有錢，我父親才能逃到香港，那時他跟蔣介石鬧翻了。他十五、六歲就進了大學，二十歲到日本，大概二十三、四歲就回中國，去香港的時候已經五十七歲了。他去世時是五十八歲，死於糖尿病，沒人照顧。在抗戰時期，他就喜歡甜食，當時西醫沒有診斷出他有糖尿病，他後來眼睛都快瞎了，才知道是糖尿病，所以我也有糖尿病，我弟兄姊妹都有很嚴重的糖尿病，是被遺傳的。

　　我們兄弟姊妹共十人，六男四女，媽媽的肚子一天都沒空過。中日戰爭的時候，我母親和父親被分開來，那八年我父親在重慶，母親住在上海法租界，我們還有一些收入，因為家鄉的田可以收一點租金。母親最後七十多歲過世，那時共產黨已經來了。

　　我後來在耶魯大學的時候，老家基本就是家破人亡。媽媽是揚州人，非常忠厚賢慧，但她沒受過現代教育，所以我父親覺得他有點委屈，他的婚姻像胡適、胡江冬秀的婚姻。

　　胡先生這人了不起，非常謙虛，中國若沒有胡適之的話，也沒有今天。胡適之是哥倫比亞大學的 Ph.D，他當時並沒有唸完，也沒有把論文寫完就回國了，回國後他在北京大學教書，大家都稱他胡博士，後來就是有個人叫唐德剛在他的口述歷史裡說，胡適之可以說是冒充博士。

　　母親過世時，我在美國沒錢回去奔喪，記得我打了一個電話給她，電話費就將近一百美金。今天我是男丁中間唯一還在世的，爸爸的兩個女兒一個在上海，一個在舊金山，兩個妹妹都有 Alzheimer's，我比較僥倖，我今年已經九十九歲了，真是上帝的恩賜。

　　我們兄弟姊妹十人，感情不好，因為人太多了。到今天為止，我還是很痛苦我的第一個女朋友後來變成我弟弟的太太，你就可以想像我們之間的關係。我們不是一起長大的，他是在我伯父家長大的，我這個弟弟非常聰明，我後來就跟自己說：「我的女朋友被弟弟搶走了，起碼我要努力比我弟弟更好。」

　　我的名字叫夏道泰，我們家傳統命名的規矩就是在什麼地方出生的，就以此命名，我是在泰州出生的，因此名字中有「泰」，我滿月不久，母親就把我帶到北

京去了。

　　我父親的名字叫夏勤。中國人名字如果是單字的，多半都會為自己取個號，他的號叫「敬民」，他出生不久他的父親就辭世，所以我父親是由伯父養大的。我父親很聰明，二十歲就到日本留學，在東京帝國大學研究刑事訴訟法，二十三、四歲時，他從日本回國，在北京審判廳做檢察官、後來做推事、法官。因緣際會他認識了朝陽大學的創辦人，那位創辦人當時在北洋政府做司法部長，他提拔我父親，所以父親得以在北京大學教法律，參與中國法典的制定，在法律教育方面對國家做出重大的貢獻。

　　父親創辦了中央政治學校法律系，南京政府的時候他在中央政治學校教書。後來我也到中央政治學校去念法學系。中日戰爭的時候，我父親跟著政府到重慶，那時他有三個兒子：我大哥、我三弟、我。他跟我們說：「我的兒子都得唸理工科。」於是我大哥在吉林大學唸電機工程，我在吉林大學唸化學工程，我弟弟唸交通大學機械工程。父親比較忙，跟我們在一塊兒的時間很少，他是嚴父，不苟言笑，他先是做司法行政部次長，後來做最高法院院長。

　　我父親那時就說：「這政局將來會有變動，所以你們必須好好唸書，否則將來會成為逃犯。」這造成了我的恐懼感，也是個動力，我始終忘不了。

　　我最後唸的學校是中央政治學校，校長是蔣中正。我們在重慶的時候，日本人已經快打到重慶來了，我學校大部分的學生都是外省人，不是四川人，後來外地學生的金錢來源完全斷絕了，我們學校所有的學生都只好參加青年軍，但四川的學生不一樣，他們都有家，不願意參軍。有一天這些不肯參加青年軍的學生被叫到升旗台上，跪在地下挨打，而且還張貼大字報，我後來想這是不是共產黨的特徵啊？

　　馬英九的父親馬鶴凌跟我同年，他激烈得多了，他在唸書的時候，已經得到國民黨內部的津貼，所以他在學生運動方面非常活躍。

　　抗戰結束兩年(1947年)後，我從上海來美國，我那年二十六歲，我先進別的學校，過了幾年才正式到耶魯大學唸法律。美國的制度是英美法，不是大陸法，我在耶魯大學唸了很多年，因為那時找事很困難，所以我不敢隨意離開學校。

　　我曾是 American Bar Association 出版的「中國法律季刊」的總編輯，跟其他中

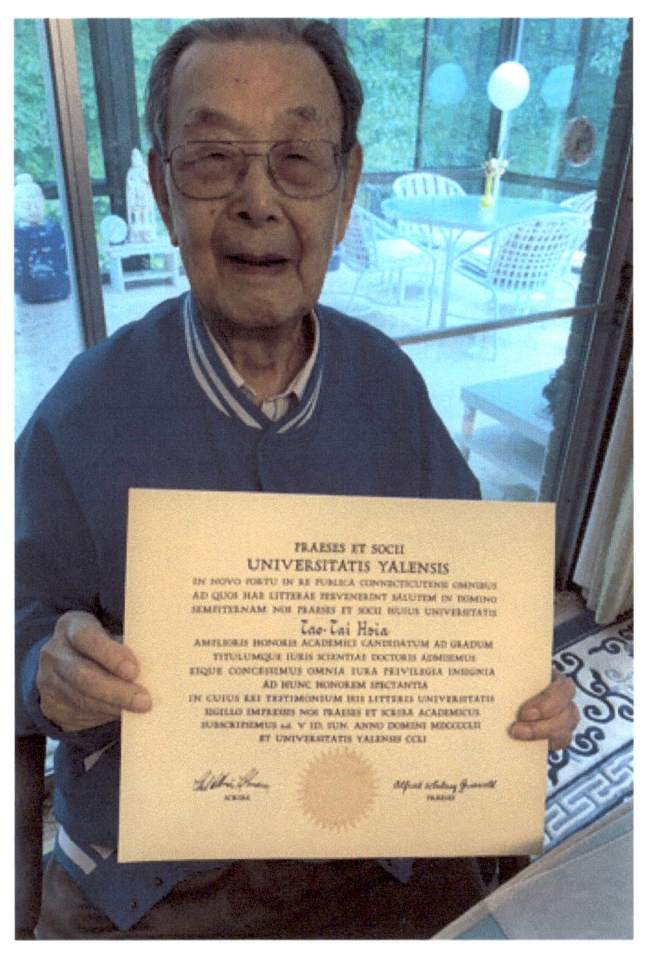

國留學生相比，我算是非常僥倖的。記得剛來美國不久，我就訂閱紐約時報，每天把頭一版看一看，把所有的生字寫在卡片上，隨時隨刻背。

在毛澤東去世以前，中國是全世界唯一沒有法律的國家，勉強算就只有一個「反革命條例」吧，不過那不是一個正式的法律，一直等到毛去世，中國才有法典。這還是有典故的：毛澤東最後一次被 Edgar Snow（斯諾）訪問時，Snow 是非常親中共的記者，他問毛澤東：「你的為人怎麼樣？」毛澤東就跟他說：「我呀，是和尚打傘。」底下就是「無法無天」了，他這句話全文被翻成英文，登在 Time Magazine 上面。所以毛澤東把國民黨的法律全廢除了，他說「六法全書」是日本用的名詞，六法代表：憲法、商法、刑法、刑事訴訟法、民法、民事訴訟法，統稱「六法」。

所以從 1949 至 1976 年毛澤東去世，中國在 27 年間是沒有法律的。

我跟內人是在上海結婚的，我的婚姻由父母做主，我太太的父親從前做過省議員，他的兩個兒子都是念法律的，這讓我父親很滿意，我也覺得我太太很好，我們門當戶對。我們的證婚人是吳國楨，吳曾任上海市長，後來因為他跟蔣經國不合，只好逃到美國來，來美國後一直找不到工作，而且他也沒帶什麼錢出來，最後在一個很小的大學教書，一直教到去世。

那時的司法院長居正很賞識我父親，有一天我父親被蔣介石找到他的辦公室裡去，他看著我父親說：「你要在最高法院設一個特別刑庭，專門審判共產黨員。」我父親不同意，他就被迫辭職，所以我父親就沒能夠到逃到台灣去了。

共產黨來了之後，要清算我們家，泰州歷代名人誌的最後一段就是在講我父親。後來因為丈人的關係，父親到了香港，跟我的丈人住在一起，不久之後他得了糖尿病，一年多以後就去世了，他去世時才58歲。

我們家當時在泰州有一百多間房子、兩個大花園，我們都住在裡頭，後來共產黨官員貪汙，就把它拆掉，拆掉以後為了要交差，蓋了一個具體而微的三分之一的房子，用的是現代的古磚，跟以前完全不像，這個文物就毀了。這個房子後來由一個田姓家庭住，十幾年前我到泰州去看，寫的是田氏故居，不是夏勤故居。

開始轉運

我在耶魯大學的恩人是一位國際法教授，叫 Myers S. McDougal，他對中國人很有好感，要不是他的話，我不會有今天。我那時拼命寫文章投稿美國刊物，在中國沒有法律的時候，我就研究它為什麼沒法律，代替法律的東西是什麼。

我記得剛到美國時，我在耶魯大學的學費是一學期60美元，食宿費也是60美元。不久之後，密西根大學出名的法學院的 China Center 給了我助理教授 assistant professor 的職位，我們也都說好了，忽然國會圖書館出了一個缺，這個缺幾十年才出來一次，而且我一進去就是主管，底下有五個人，他們之下有二、三十個員工，做了兩年，我就變成特級十九級，Senior Executive Service，我的薪水約等於一個正教授，一年一萬塊錢左右，那是1950年。1960年耶魯大學的正教授年薪也不過一

萬二千塊錢。

我太太也很了不起，她剛到國會圖書館的時候，從九級開始做，過了兩、三年，她的位置跟我一樣高了，而且她的部門跟中國一點關係也沒有，她底下管三百多人，她會升官因為她是真正的圖書館學專家，但不久之後她發起小姐脾氣來，不幹了，反正家裡也不需要錢。你想想，我們知識份子能夠在美國一流大學做教授，已經像是做夢了，我還有錢啊。

我從前做窮學生的時候，就開始買股票了，那時我有一個資深投資人朋友跟我說，趁年輕開始買股票，要我跟著他買，沒錢的時候買少一點，後來他發財了，我就更有信心了。

我父親過世的時候，一個子也沒有留給我們，文獻也沒有。那時我們家三天兩頭被抄家，第一次是日本人來抄家，第二次是共產黨來抄家。我父親後來葬在香港，父親現在已經被平反了。

一般人都喜歡寫自傳，我也不能免俗，主要原因是感激我父親，沒有父親，我也不會有今天，我沒有子女，作為中國人，我們始終覺得自己在美國是作客，在過去我們有很多困難，進步到今天的順利，我當然很感謝美國。

我太太的姪子是 Computer Associates 的創始人王嘉廉，去年他得癌症，走的很突然。他的房子在紐約州 Oyster Bay，比白宮還大，但他也只能睡一張床。他家裏還有一個蘇州花園，有山有水。

夏道泰介紹王家的背景

王嘉廉是我太太的姪子，王嘉廉的哥哥叫 Tony，弟弟叫 Francis，他們一共有三個兄弟，都非常優秀。

Tony 的太太是 Lulu Wang，她是哈佛女校衛斯理學院畢業的，現在是校董了，她是金融家，管理幾位超級大戶的錢，她的成功完全靠自己。後來她捐了 2,500 萬美元給哈佛，現在哈佛有棟 Lulu Chow Wang Campus Center。

Lulu Chow Wang Campus Center, Wellesley College

大哥 Francis、我、父親、繼母、夏道泰、姪兒 Sydney、大嫂

Francis 是律師，他的太太叫 *Laura Wang*，是 *UC Berkeley* 畢業，也是位律師，他們兩位都是知識產權的律師，他們現在身家應該上億了！我太太的二哥，曾在上海高等法院做過推事兼書記官長。

夏道泰回憶美國國會圖書館的生涯

　　在我退休前的兩、三年，我被升為東方部法律處處長，我的管區除了英美系之外，俄國、非洲、中東都屬於我的管區。處長的英文是 *Division Chief*，我太太也是 *Division Chief*，後來我升為 *Senior Executive Service*。

　　我的一個遠房叔叔曾任台灣省的總檢察長，那時我為國會圖書館去台灣買書，順便考察當地的法律，回來跟國會寫報告，我到了台灣就像回到了家，對台灣有份特別的感情，所以我在給國會做報告時，我會為台灣說好話。那時美國為了跟中國交流，對台灣很冷落，我就跟國會圖書館說，我們買書不應該歧視任何國家。到任何地方買書，我們都會參考它最大的圖書館買了什麼樣的書，蔣復璁先生那時是中央圖書館館長，他來美國時，我曾請他來國會圖書館演講。

　　美國版權局 *Copyright Office* 隸屬國會圖書館，美國專利及商標局 *USPTO* 所有的行政、房產的管理，也是由國會圖書館管理，一般人以為國會圖書館就只是圖書館，其實不然。

　　我自覺幸運的是當年我選擇在國會圖書館做事時，沒去大學做教授，所以我是管理階層的主管，沒有大學教授必須定期發表論文的壓力。

　　有人做了一本我著作的目錄。這本是哈佛 *International Law Journal*，上面說我是 *Founder and Co-editor-in-chief of Chinese Law Report (1980-1985)*，這是我們內部出版的刊物，這系列會議是我主持的，這裡頭很多人你都認識：*Jerome Cohen, Tim Gillette, Stanley Lubman, Eugene Theroux*，這些都是 *old China hand*。"*Our community published the first completed analysis of China's new available patent law in the United States, we are very grateful to Dr. Xia Dao-tai of the Library of Congress for preparing this report, today we will hear from Dr. Xia and others.*"

夏道泰回憶父親夏勤

在《泰州歷代名人錄》最後一段的原文，是為我父親法學家夏勤寫的：

「1948年四月，『南京召開國民代表大會，夏勤為國大代表，大會期間蔣介石宴請國大代表九人，其中有夏勤在座，一天，蔣單獨召見夏勤，要他在最高法院成立特種刑庭，那時省級高院如南京、蘇州、青島等地，均已先後成立特種刑庭，所謂特種刑庭，其矛頭完全是對著共產黨人來的，因為特種刑庭可以完全不依照法律程序，對共產黨人和民主人士妄加罪名、摧殘迫害，從而達到其阻止民主革命力量發展的目的。當時夏勤沒有按照蔣的指示組建特種刑庭，不久，蔣即派軍統特務來泰州，調查夏勤在泰州所經營的商業狀況，企圖羅列罪名，夏勤獲悉後，主動陳請辭職，當即被免去最高法院院長職務，待到次年三月，李宗仁任代總統時，才重新被任命為司法院大法官，大陸解放後，夏勤去香港，不久因糖尿病逝世。』」（泰州歷代名人錄），父親最後還是被平反了。

尊敬的夏道泰先生：

您好！首先恭祝您和全家圣诞新年快乐，万事吉祥如意！

前几年你弟夏道陵先生曾受您委托回家乡泰州咨询了解家父故居—夏家花园房产事宜，由于历史原因以及国家有关政策，一直未有结果。家父夏勤先生是我们泰州历史名人，在民国时期，不畏强权，伸张正义，一生节俭，两袖清风，为社会，为民众作出了很大贡献，给后人留下了难忘的影响。

为了彰显历史文化，保护好名人故居，近年来，泰州家乡和政府十分注重夏勤故居—夏家花园保护工作。在旧城改造拆迁中，不但没有被拆迁，而且注意保护好夏家花园历史风貌。2007年政府花费180多万元重新修缮了夏家花园，使之面貌焕然一新，成为泰州市大林桥一处亮丽的旅游景观。

为了继续做好夏勤故居的保护工作，宣传名人，彰显历史文化，今来信特向夏老商洽一下，请夏先生能否提供有关先父夏勤先生的历史人文资料，包括家谱以及夏氏后代的工作、生活情况。通过征集资料、充实材料，我们计划最终将夏家花园做成夏勤故居。以此来纪念夏勤先生，让社会各界人士和夏氏后代进一步了解学习夏勤先生的道德风范。

我们仅仅是一个构想，不知夏老是否同意，请回信。

顺颂 冬安

致 礼！

二〇〇八年十二月十五日

法學家夏勤先生

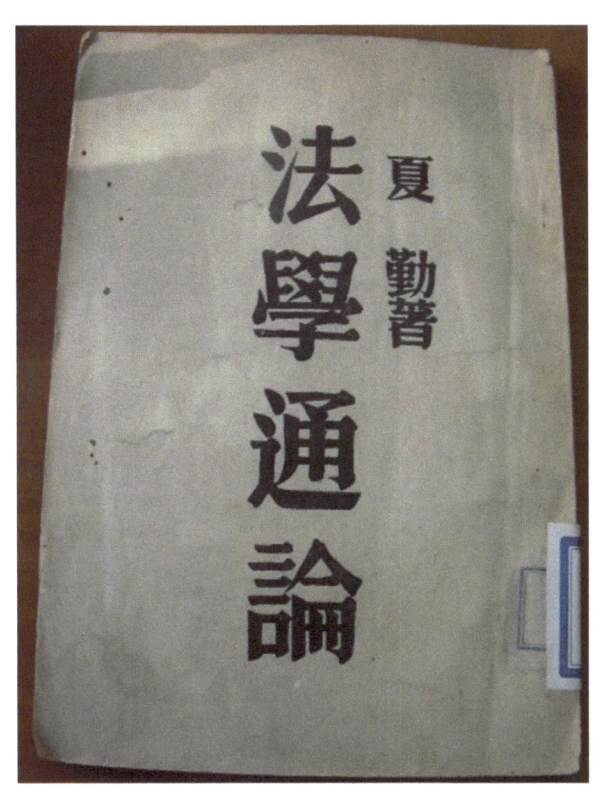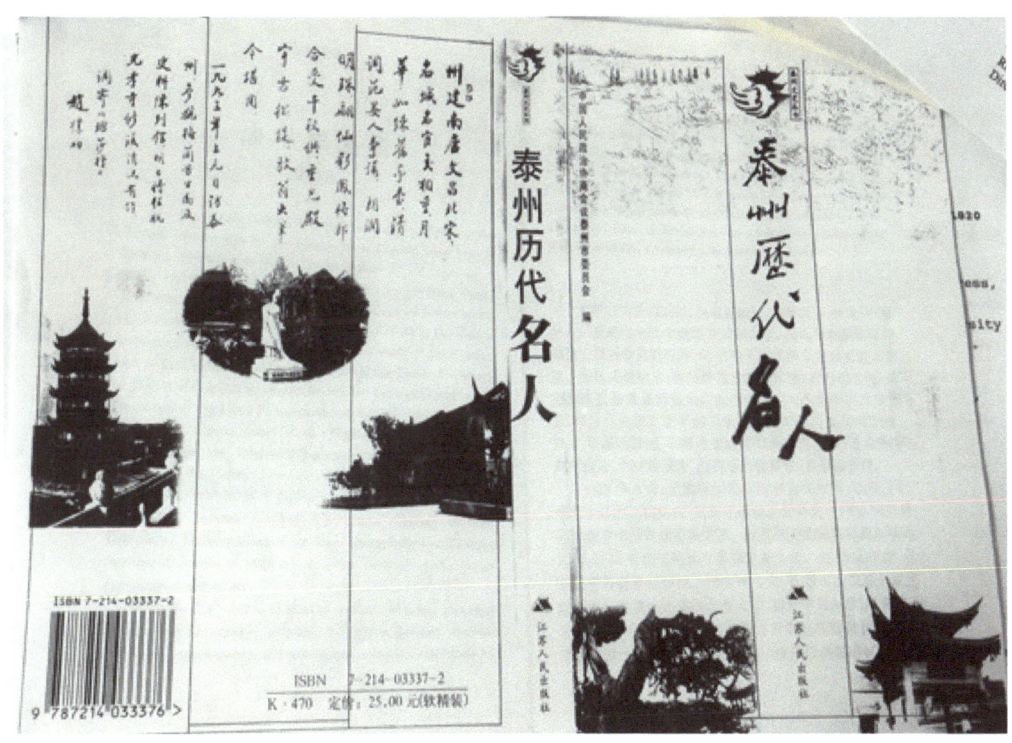

我是 1945 年政治大學畢業，1973 年我寫「中國知識產權」的書，我的助理 Catherine 也列名作者，她是 George Washington University 的學士，是位天才，後來因為憂鬱症自殺，才二十多歲就去世了。

我一貫的作風是避免樹大招風，在美國不要把自己弄得太出風頭，日子才能過得比較平靜。在美國做一流大學的教授，有出版論文的壓力，我沒有，幸虧我沒有選擇做律師，因為不是美國出生的人，很難掌握以白人為主的陪審團，律師的生活也非常緊張，所以我很幸運能夠進入國會圖書館工作。

當年為了敬業，我雖然已經獲得耶魯大學法學博士，還去哥大圖書館系修課，每天從 New Haven 來紐約，來回要坐一個鐘頭的火車，很辛苦！

後來我太太也順利的進入國會圖書館做事，她能力很強，很快的就連升三級，老闆凡事都順著她，直到她大小姐脾氣發作，照理講她還能更上一層樓，但她不幹了。

館長學授
書處大教
圖處頓任
會律盛兼
國法華院
國東治學
美遠僑法

夏 道 泰

TAO-TAI HSIA

CHIEF, FAR EASTERN LAW DIVISION
UNITED STATES LIBRARY OF CONGRESS

PROFESSORIAL LECTURER
GEORGE WASHINGTON UNIVERSITY
LAW SCHOOL

跟我同期在耶魯大學唸法律學位的人，有人後來回台灣當部長，有的做 UNESCO 代表，有的做台大法學院院長，有的做銓敘部部長 (Civil Service Commissioner)。如果當年我去台灣的話，也可能做到部長，也可能發大財，但也可能出事坐牢。

基本上，我們這一代的人都很苦，拼命唸書，沒有閒情逸致去培養興趣，我只有一個 hobby--聽京戲，我每天聽京戲，好朋友盧燕也是戲友。

小時候我唯一的娛樂就是聽家裡一台留聲機裡的片子，是京戲的唱片。我在中央政治學校做學生時，校慶的時候我們還上台唱戲呢！我們票友絕不可能有專業唱戲的人唱得那麼好，因為專業的每天練功，他們有基本功，但票友沒有，而且嗓子不練就沒了，我每天都會花一、兩個鐘頭看親友替我從北京寄來的京戲。

像我們這樣年紀的人，一般都進了養老院，如果沒有一點錢的話，我也不能像現在一樣住在外頭。

錢復在台灣做外交部長時，胡適跟他父親錢思亮很熟，後來錢復要到美國來唸書，那時我在耶魯大學已經唸完了，住在 New Haven，胡先生就寫了一張名片介紹錢復給我們，要我們照應他一下。

錢復的祖父叫錢鴻業，曾在法租界的高院做法官，那時中國有治外法權，他覺得中國的法律靠不住、不文明，若等中國法律改革又不知要等到何年何月，那時的折衷辦法是不讓中國法院治理涉外事件，只有在租界的中國法院才可以審理牽涉外國人的案子，這些法官都是留學英美的，錢鴻業也是留美學生，他在汪精衛時代被刺，後來當局並沒有調查是怎麼回事，中國的很多事情都莫名其妙。

我父親對於歐美留學生、特別是學法律的另眼看待。你有聽說過查良鑑這個人嗎？查良鑑在台灣曾做過司法行政部部長，是我父親的得意部下，父親對他特別照顧。

推事就是法官的意思，為什麼叫推事呢？這是日本來的名詞，所有中國從前的法律名詞都源於日本，推事就等於推理，縣長叫縣知事，這些都是沿襲日本的用法。像是參事、國務院參事，基本上也是從前日本的名詞。你去看看日本的六法全書，可能會看懂一些內容，後來毛澤東說國民黨用過的法律名詞，都不准再用了。

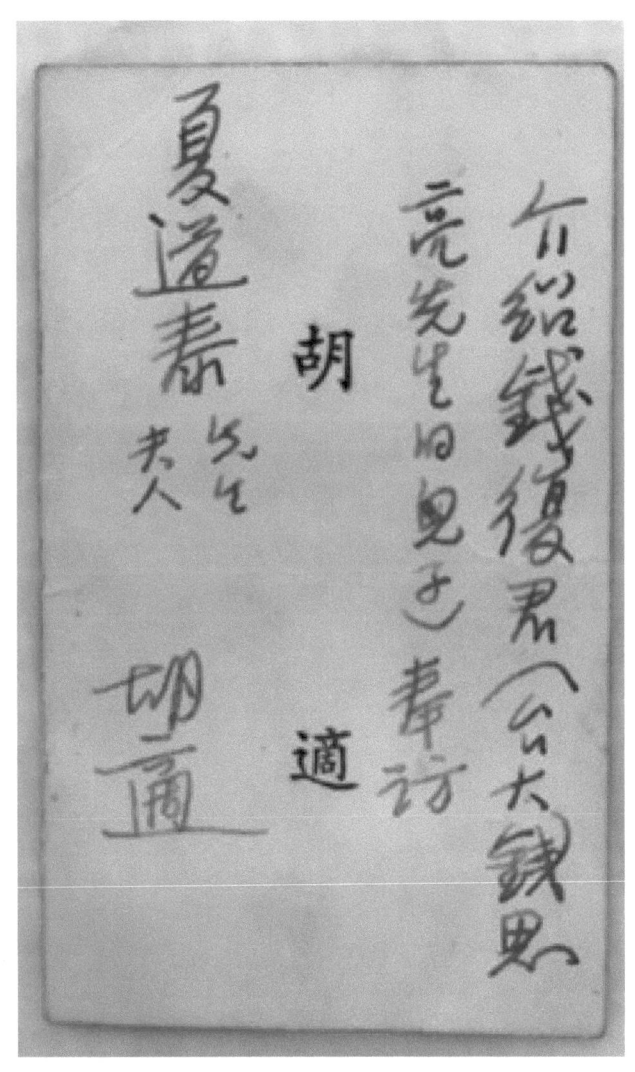

王詳明：

我們是 52 年的 Christmas 以後兩天在美國結婚的，那時我們已經訂婚 5 年了，他說一定要結婚，我說等明年結婚好了，不必跟 Christmas 擠在一起，他說：「不行，到時你又老了一歲。」

夏道泰的爸爸跟我爸爸不一樣，我爸爸非常民主，我也有一票，我小的時候，我哥哥老是說：「小丫頭不懂，叫她出去。」我爸爸就說：「她可以待在這，她也有一票，你們三個人加起來，頭腦還不如她清楚。」

這是我們全家的照片，王嘉廉是後排當中那個，他媽媽 Mary 最近才去世。這張照片是我 50 歲生日時照的，他們替我瞞歲數。

夏道泰看自己的婚姻

　　我是 1947 年到美國來的，當初沒想到會在美國住下來，也沒想到會在美國成家立業。我父親對於子女的婚姻，講究門當戶對，當時我沒有抵抗，我太太那時真的很美。

　　我們中央政治學校大學本科是不收女生的，可是它有兩年的專修科可以收女生，女生還特別多。學校實施軍事管理，我們都穿著軍裝。什麼時候起床、什麼時候睡、什麼時候自修都有嚴格的規定，一點自由都沒有，女生都是穿著制服，看起來很土，而且一點化妝都沒有，所以我當時對中央政治學校的女生毫無興趣。

　　仗打完了，我從重慶回來了，在上海訂婚，證婚人就是吳國楨，吳國楨曾經做過台灣省省主席，後來逃到美國來。

　　我當年願意結婚是因為門當戶對，她們家有錢，而且都是知識份子，她的教養不同啊。我父親是對的，雖然他完全不顧及我是不是真的喜歡對方，這他不管，說老實話，到今天為止我太太還是覺得我配不上她。她爸爸非常喜歡她，她是在父母袒護之下嬌生慣養的，眼界很高。

原國立中央政治大學門樓 （南京市）

當年我的女朋友被我弟弟搶走了，我當時很難接受。所以我在做事的時候，跟我弟弟之間是競爭關係，現在我弟弟去世了，雖然他比我優秀，但他的運氣沒有我好。

我兄弟姊妹十人，只有一個弟弟離婚，我這個弟弟的太太長得很高、很漂亮，但受教育不高，很貪玩，他們喜歡在外頭交際、吃喝玩樂沒有節制，我弟弟後來身體就變壞了。

夏道泰回憶中國之旅

1993年，我們拿到了聯合國一個項目的研究補助，到中國講學。我有一個好朋友/同學徐僖，後來他成為中國科學院的院士，做過四川大學的副校長，他請我們去成都講學。講學講完了，我們應該從成都回到重慶，坐三峽的豪華遊輪，可是四川大學派的兩個陪同夫妻出不起遊輪的票，所以他們就先走了，讓重慶大學的陪同領我們去上船，結果我們上錯船，因為重慶有兩條江，一個是嘉陵江，一個是長江，兩邊都是碼頭，他把碼頭弄錯了，等我們趕到正確的碼頭時，船已經開走了，只好臨時改變策略，坐四川大學的校車，開到下一站萬縣。

從重慶到萬縣的途中，高山峻嶺，我們的車子出了事，我太太受了傷，她的腿被撞斷了，我也受了傷。

那時我出差拿的是公假，我們一起到外國去講學，我是處長，她也是處長，但她沒有拿到公假。那時候她的部門裡來了一個新人，等於司長的副手，他對我太太有點不大客氣，我太太那時心情不好，脾氣也大，她本來已經快要升到我這一級了，而且人家還給她創了另外一個處，新處小一點，但質感比較高，她居然沒有跟我商量，就辭職不幹了。你想想一個中國人啊，沒有幾個女的或男的能做到她這個級別，真可惜。

她是獨生女，我們很窮的時候不敢生小孩，後來她事情做得很得意的時候，她也不要生小孩，等到想要生小孩時，已經沒時間了。

我做事有時會感到沒有自信，因為小時候我沒唸過小學，我進的是私塾，不

是一般小學，所以在某些方面有些事我不會做，這是我的遺憾。

在國會圖書館裡我研究中國法律，開始時，我用美國人做我的秘書，他們很能幹，後來我有一個好朋友說，台灣有間專門訓練秘書的學校，所以我就開始用台灣人，一開始時，朋友介紹的兩個秘書我很滿意，最後的秘書是居蜜介紹給我的，有點笨，英文也不好，但特別老實，所以我最後幾年都是用台灣人做秘書。他們是七級，就是大學畢業的。

當初我太太因為她嫂嫂的關係，進了哥倫比亞大學，嫂嫂在哥倫比亞大學的圖書館學校唸書（這個學校後來沒有了），我則在哥大陪太太唸書，當然也不是完全陪同，我也是顧及自己的職業，我想多一點訓練也好，當時我感覺有點委屈，有幾個人會在耶魯大學已經有博士學位了，還去唸一個碩士學位，倒過來唸？沒想到後來就是因為有這個圖書館學的碩士，我才能在國會圖書館青雲直上，我真是太僥倖了。

夏道泰愛京劇

我只有一個娛樂，我愛京戲，中國唱京戲最出名的是梅蘭芳，他原籍是泰州人，雖然他是在北京出生的。梅雨田是他的叔叔。我小時候家裡沒什麼娛樂器材，就只能聽留聲機，我後來在中央政治學校時，唱過戲、登過台，雖然我唱得不錯，但我只是票友，後來我嗓子壞了就不能唱了，我們票友絕對不可能跟專業的比，因為票友沒下過那麼扎實的功夫。

我跟梅蘭芳是同鄉，我們都是江蘇泰州人，梅先生真是所謂的大師，要是沒有梅蘭芳的話，京戲也不會像今天這樣的受到重視。梅蘭芳是科班出生，很年輕的時候就開始在戲班學戲了，他有個叔父叫梅巧玲，也是唱京戲的。梅蘭芳很有創造性，直到現在梅派還是在所有的京戲裡是最受重視的，所謂「梅尚程荀」四大名旦，講的就是梅蘭芳、程硯秋、尚小雲、荀慧生，到今天為止梅派還是第一，他的聲音都是他創造的，不完全仿前輩的京劇。我對梅蘭芳先生非常崇拜，特別是他的聲音非常嬌媚動聽，沒有人可以比得上，他的手的姿勢也都是他自己創造的，非常動人，他的表情各方面也是了不起，所以現在中國出名的青衣多半還是梅派的。梅先生的

重慶嘉陵江與長江交匯之陰陽水奇觀

兒子梅葆玖去年去世了，梅葆玖也教了很多徒弟。

　　在這些名人在最活躍的時候，人類還不流行錄影，只有錄音，後來在副總理李瑞環的指導之下，很多傳統的聲音被數位化，他還做了很多音像、錄影，對京戲貢獻非常大。

梅兰芳演《太真外传》

憶盧燕

　　盧燕跟梅蘭芳家很有淵源，盧燕的母親跟梅蘭芳是世交，傳說盧燕就是梅蘭芳的女兒。盧燕我在做學生時我們就認識了。她的丈夫姓黃，是個很秀氣的人，1947年他在夏威夷領事館做事，跟盧燕的媽媽有親戚關係，盧燕因為逃難到了美國，就住在他家裡，後來因為中華民國發不了薪水，他的差事就沒了，所以盧燕若要留在美國就必須要結婚，這個婚結得有點勉強。

　　1956年，他們移居洛杉磯，曾經開過飯館，結束營業之後，他們兩個人都曾經在Monterey的陸軍基地裡訓練學員說中國話，盧燕教普通話，她的丈夫教廣東話。1958年盧燕就做電影了，他們經濟也比較寬裕。他們有兩個女孩、一個兒子。她先生就在中央政治大學1994年的同學錄裡，他叫黃錫琳，他去世的時候七十歲了。今年盧燕93歲，情況很好。

80 歲的梅葆玖（梅蘭芳之子）與 88 歲的盧燕

退休之後玩股票

我太太有一個很著名的姪子王嘉廉，他是搞電腦的，他建議我買蘋果股票，讓我發了小財，蘋果的股價越來越好，每一次蘋果出個新出品，需不需要的我都買，以表示我的感恩，所以我們家裡很多東西都是蘋果品牌的。王威廉創辦的 Computer Associate 停業後，股票被迫賣掉，我就買了 Amazon，買了一百萬美元。我會關注高科技股和信息時代網絡，也是因為王嘉廉的關係，真是謝謝他。

後　記

夫妻關係其實是一種權力鬥爭

邱彰

　　王詳明是個天之嬌女，父母愛她、寵她，還替她找了對象，一定要她嫁給夏道泰。

　　王詳明唸的是現代的書，觀念上卻跟她傳統可憐的人母親一模一樣，奉行男尊女卑。她的母親非常怕婆婆，生的第一個女兒竟然被婆婆打死了，她當然也不敢反抗，我只是不敢相信殺死孫女在當時的中國，居然不算犯法，令人氣憤。

　　我去華盛頓DC採訪她，她先生不出所料是個傳統的大男人，他睡完午覺了，過來看到我正在訪問他老婆，立刻說，「換人換人，該訪問我了。」王詳明就很自覺的退下，進入廚房替她老爺弄吃的。王詳明不但在廚房裡忙，連屋外割草、鏟雪也都是她的活。

　　婚姻裡的兩性關係其實就是一場權力鬥爭，如果在新婚濃情蜜意時，你每天洗碗，那麼在整個婚姻期間，洗碗就是你的義務了。所以在夏家，鏟雪的永遠是王詳明。

　　美國女性特別能體會男女平等在婚姻中的意義，當她們在冬天看到身材嬌小的王詳明在門口鏟雪時，非常氣憤，她們集體登門跟王詳明抗議：「你再這樣做，我們先生都不肯鏟雪了。」結果夏道泰告訴王詳明，「下次你鏟雪前，先跟我講一聲，我趕快出去，以免鄰居說閒話。」

　　我們有次在她的廚房裡做採訪，夏道泰也在座，夏老說了一句，「我有點餓了！」98歲的王詳明立刻停止錄音，跑到爐邊去張羅飯菜。我請教她的養生之道，她說，「我的養生之道就是照顧我老爺。」

為了記錄華人女性的歷史，我已經訪問了十餘個先鋒型的女性，王詳明是我所有訪問的人裡觀念最保守的，好在一路走來，現在 60 幾歲的女性，都擁有自由、自立、自強的人格和價值觀，令人欣慰。

2019 年 8 月 7 日在華府拜訪夏道泰夫婦

www.ingramcontent.com/pod-product-compliance
Lightning Source LLC
Chambersburg PA
CBHW050751110526
44592CB00002B/23